鈴木惠子

心を育てる

宇野弘恵

東洋館出版社

本書刊行にあたり

明日の教室　代表　糸井登

私が、鈴木惠子先生のお名前を知ったのは、今からちょうど30年前。当時、毎月購入していた教育誌「現代教育科学」(1994年3月号)に掲載されていた有田和正[*1]先生の原稿でした。そこには、以下のように鈴木惠子先生の実践が紹介されていたのです。

一九九三年の四月から十二月までの間に、二〇〇くらいの授業をみた。その中で最高の授業だと思ったのは、静岡県藤枝市立高洲南小学校であった。十月二八日、二〇学級を一時間で見せていただいた。一学級一分三十秒くらいであった。子どもたちの集中力のすごさを目のあたりにして、鍛えれば育つものだと感心した。

この時、六年一組の鈴木惠子先生の道徳の授業は、ひときわ光っていた。それで、この授業を見るように多くの方々にすすめた。

十二月十日の公開研究会の時には、六年一組の教室は入りきれないほどの先生方が集まっていた。「愛、深き淵より」*2というテーマでの道徳授業であった。五人の子どもが泣き出し、感動的な授業であった。公開の研究会で泣くなんてめずらしい。初めは演技かと思うほどであった。参観の先生方の中にも涙ぐんでいる人がいた。

有田先生は、この原稿以外でも、折に触れ、静岡県藤枝市立高洲南小学校の授業の素晴らしさに触れておられました。なかでも鈴木恵子先生の授業の素晴らしさについては繰り返し話されていたことも手伝って、研究会には千名を超える教師が全国から集まってきました。

子どもたちが自分の思いを臆することなく出し合う。お互いの意見を尊重し、共鳴し合う過程で、涙する子どもたち。鈴木学級では、信じられないような授業が日々繰り広げられていたのです。

有田先生は、先に紹介した原稿をこう続けられています。

どうしてこんな感動的な授業ができたのか？

さて、みなさんはどう思われますか？
有田先生は、こう断定されています。

学級づくりがとてもうまくいっていることである。暖かい人間関係ができていることが、わたしにも伝わってきた。

そうなのです。まず、学びの集団である学級が育っていない限り、そのような授業が生まれることは不可能なのです。
その上で、もう一つの理由として、「確信」という言葉を二度使って、鈴木先生の授業づくりの素晴らしさを説明されています。
1つ目の確信は、

鈴木先生が、「これなら子どもたちを感動させることができる」という確信をもってとりあげたネタである。まず教師がほれ込んだネタである。

そして、2つ目の確信は、

資料の文は長い。文を渡すと国語の読解になりそうだ。そこで考えた。教師が感情をこめて音読し、それで頭に残らないようであればこのネタは価値がないのだ――と考えた。しかし、鈴木先生には、これまでの実践でこのくらいのネタを提示すれば、絶対に興味・関心を示し、くいついてくるという確信があった。

確信とは、信じて疑わないことです。

このネタ（教材）なら、子どもたちを感動させることができる。そして、教師が感情を込めて音読すれば子どもたちはくいついてくると鈴木先生は確信していたと有田先生は言い切っていらっしゃる。
この有田先生の言葉を裏付けるように授業は展開していきます。

教師の音読が終わった。
しかし、誰もことばを出せないほど感動していた。

ここまでが、1つ目の確信の結果です。
この後、2つ目の「子どもたちはくいついてくる」という確信をもっている鈴木先生は子どもたちの発言を待ちます。通常、不安になった教師は発言を促すような言葉を発してしまいがちです。しかし、鈴木先生は子どもたちを信じて、静かに待たれます…。すごいと思います。その結果、

しばらく待った。ようやく一人の子どもが発言した。
すると、次々と発言し、内容をめぐって泣き出す子がでてきたのである。

ネタ（教材）の厳選と子どもたちの実態把握。この2つを確信がもてるまで考え抜いて授業をつくっていく。鈴木先生は、きっと当たり前のことだとおっしゃるのでしょう。間違いなく。この2つの確信が鈴木実践を支えていたのだと思います。

有田先生の原稿を読んだ後、私は実際に鈴木学級を訪れました。そのときの衝撃は凄まじいものでした。どうしたらこんな学級を、こんな授業を創ることができるのだろう。それ以来、その思いが私の頭から離れることはありませんでした。

再び、鈴木惠子先生とお会いすることができたのは、今から10年前でした。奈良の木島由紀子先生から連絡先を教えていただき、「明日の教室」へのご登壇をお願いしたのです。そして、鈴木先生を「伝説の教師」としてご紹介し、このときのご講演をもとに一冊の本にまとめることができました（「子どもの力を引き出す魔法の学級経営」学事出版）。

あれから10年。ますます混迷を極める教育界。

私が再び鈴木惠子先生に登壇をお願いしたのは、今から2年前のことです。

「もう、話すことなんてないわ。もう私の話は古いと思うから…」

鈴木先生から、快諾をいただくことはできませんでした。やんわりと断りを続けられる鈴木先生に、私が何度も訴えたのは、

「本物に古いも新しいもありません。本物の輝きはいつまでも色褪せません」

「混迷を極めたときに大切になってくるのは、不易です。そのことを伝えたいです」

鈴木先生にはご迷惑な話だったと思います。でも、私は鈴木先生の、いや鈴木学級の子どもたちの事実をきちんと若い教師や教師志望の学生に知らせ、届ける必要を感じていました。

講演いただくにあたって、書籍化も考えていた私は、二人の方に力を貸していただけるようお願いしていました。

まず、声をおかけしたのは、北海道旭川市の小学校教員、宇野弘恵先生です。宇野先生は国語や道徳の授業実践で著名な先生ですが、私は宇野先生の学級づくりに惹かれていました。アプローチの仕方はちがうものの、子どもたちを見取るあたたかな視

点に鈴木先生の学級づくりと親和性が高いと感じていたのです。宇野先生に加わっていただくことで、鈴木実践がさらに広がりや深まりをもって参加者や読者の方に感じていただけるはずだと思ったのです。私の目論見は見事に的中したと自負しています。

もうお一人が、東洋館出版社の編集者、北山俊臣さんです。私が北山さんのことを知ったのは、ある一冊の書籍です。装丁から構成まで美しく仕上がっている書籍を見て驚いた私は、著者に連絡を取り、北山さんが担当だったことを知りました。そして、鈴木先生の本を出版するなら、北山さんに是非ともお願いしたいと、直接交渉しました。まったく初対面の私の話に真摯に耳を傾けていただき、講演から出版に至るまでの2年間、丁寧に伴走していただくことができました。

こうして夢にまで見た鈴木惠子先生の本をここに出版することができました。

学級づくりに悩んでいるあなた。

明日の授業づくりに悩んでいるあなた。

そして、子どもたちとのかかわり方に悩んでいるあなた。

この本が、そんなあなたに一筋の道を照らしてくれることを願っています。

補足説明

＊1　有田和正（2014年　逝去）　1935年福岡県生まれ。福岡県の公立校、福岡教育大学附属小倉小学校、筑波大学附属小学校を経て愛知教育大学教授。愛知教育大学定年退官後、教材・授業開発研究所代表、東北福祉大学特任教授を歴任。

＊2　「愛、深き淵より」（星野富弘著・立風書房）一九八一年発売。四肢の自由を失い絶望の淵にいた青年教師が、筆をくわえて綴った生命の記録。

はじめに

鈴木惠子

「本を出す」という発想は、私の中には一切ないものでした。

もともと自身のことを発信するということがあまり得意ではありません。

子どもたちとのたくさんの幸せな思い出話は、私でなくても教員の皆さんなら誰もがもっていることでしょう。

私が信じて実践してきたことも、多分に独りよがりなものだったかもしれません。

それを多くの皆さんに向けて発信することを、今でもとてもおこがましく思っております。

けれども、幾度となく執筆を勧め続けてくださった糸井登先生の、熱い熱い思いは、一方で私にとって感動でもありました。

たった一度、若き日の私の授業をご覧になり、子どもたちの歌声をお聞きくださっただけの糸井先生の脳裏に、今なお生き続けている子どもたち……そう！「私」ではなく、子どもたちのことを語らせていただけばいいのだと、肝を据えました。

退職後、奈良の木島由紀子先生にお声がけいただいたのを皮切りに、教育や育成に熱い使命感をもって輝いていらっしゃる全国各地の皆さんとご縁が広がりました。

それらの出会いの中で、私の話をお聞きくださった皆さんからいただく声の中に、「今すぐ子どもたちに会いたくなりました」「明日の授業が楽しみになりました」という内容が圧倒的に多いことも、私に勇気を与えてくれました。

子どもたちの物語が、現役の皆様に少しでもパワーを差し上げることができるのなら、勇気をもって一歩を踏み出してみようと思えるようになりました。

なんと糸井先生は、宇野弘恵先生、北山俊臣さんという素晴らしいお二人をお引き合わせくださり、出版に向けて心強いチームが結成されました。

今をときめく実践家として多くの著書をもたれる宇野先生にも執筆に加わっていただけることとなり、これほど光栄なことはありません。

改めて、手元に残っている学級だよりを読み返しておりましたら、当時が蘇ってきて涙がとめどなく流れてまいりました。

そこには、懸命に生きて関わり、成長していく子どもたちの姿がありました。

数人のエースがいてその他大勢がいるのではない…一人ひとり全員がエースだった！　と、改めて思うことができました。

この子どもたちの姿をそのままにお伝えすればいい…ようやく決意が固まりました。

どうぞ本書を「教育書」や「参考書」と思わないでください。

私には皆さんの参考にしていただけるような立派な教育理論などありません。

あちこちでお話しさせていただいた子どもたちの物語を、ここにまとめました。

今も昔も変わらない、子どもたちの命や「生」の輝き、子どもたちがもつ限りない力や可能性をお感じいただいて、教職を選ばれたことの喜びを共有していただければ幸いです。

第1章 日々の学級活動で心を育てる……17

第2章 授業で心を育てる

対談

終章

第1章

日々の学級活動で心を育てる

休み時間の原風景

私はいつも願っていました。

学校から帰った子どもたちが、「お母さんあのね、今日学校でこんなことがあったんだよ！　授業でね…休み時間にね…私がね…友達がね…」と、身を乗り出してお喋りしたくなるような、満たされた心で下校できますように。

明日も、「お母さん、いってきまーす！」と元気いっぱいの笑顔で登校してきてくれますように…と。

だから、私は教室が、どの子にとっても楽しい居場所であってほしかった。どの子にも、笑っていてほしかった。明るく、自分らしく、のびのびと、それぞれの存在感を輝かせていてほしかったのです。

子どもたちがそうあるためには、２つの条件が満たされなければなりません。

１つは、学級に安心安全の土壌があること。

もう1つは、あらゆる場面において「自分の物語の主人公」となれる子どもを育てることです。

私たち大人もそうですが、生きることの本当の楽しさは、自分の人生の主人公となって、自らの意思で、主体的に、力いっぱい行動したときに感じることができるものではないでしょうか。

そこに、それを心から共有し合える仲間がいれば、さらに楽しさは倍増されます。

ですから私は、日々の指導の、どんなささいな場面においても、常に、「一人ひとりが主体的に動くこと」、「仲間を思うこと」の2点に、一番の価値を置いていました。

私が最後に学級担任をさせていただいたのは、もう26年も前のことです。

おぼろげな記憶の中で真っ先に浮かび上がってくる日常は、5分か10分の短い休み時間に私のまわりに集まってきていた「いわゆる目立たない子どもたち」や「困り感を抱えた子どもたち」の姿です。

ある子は私の膝の上に我が物顔で座り、ある子は耳元で小鳥のようにおしゃべりし、ある子は黙って私の髪を編み、ある子は「先生の机は相変わらず汚いねえ」なんて世話女房のように言いながら机の上を整頓してくれ、ある子は教師机の下に潜り込んでコアラのように私の足に絡みついている…。そんなまったりとした談笑の光景が浮かぶのです。

取り立てて何を話したというわけでもないのですが、短いながらも、それは意味のある時間だったように思います。

教師が語りかけるたくさんの言葉

日々、教師はたくさんの言葉を子どもに語りかけます。

その言葉を、子どもたちは浴び続けて1年間過ごすのですよね。

教師の言葉は、子どもの心に刻み込まれ、知らず知らずのうちに子どもの性格や価値観や、教室の空気を創り上げていきます。

せっかく語りかけるなら、子どもたちが伸びていける言葉選びをしたいなと思って過ごしてきました。

当時の学級だよりを読み返しておりましたら、そうだ！　私は毎日毎日喜んでいたな！　子どもたちの一挙手一投足を面白がって、ただ喜んでいたんだっけと気づかされました。

たとえば、ある年の4年生を受けもったときには、始業式の2日目に発行した「学級だより第一号」が、こんな言葉で埋められていました。


初日からいっぱい感動することがありました。

たとえば、大きな荷物を４階まで、大張り切りで取りに行ってくれた青野君、黒木君、太田君…。

「ぼくたち力持ちだから任せて！」なんて言って…。たのもしいなあ！　ナイトやなぁ♡

放課後残って、掃除道具入れの中を完璧に整頓してくれた前川君、石田君。

前川君曰く『こうやって整頓しておけば、明日からみんなが使いやすいと思ってさ！』ですって！
…うれしいなあ！　こういう気持ち！

仲よし黒板に、自主的にメッセージを書き込んでくれた富永さん、横井さん。希望に満ちた文字が、「素敵な1年にしようね！」と明るくみんなに呼びかけています。

黒板をきれ～いに拭いて、磁石を丁寧に並べて帰ってくれた大木君、広野君…。『きれい!!　プロの技だね!!』と目を丸くして驚く私に向かって2人は、「じゃあぼくたち今日から黒板ふきのプロになる！」と得意げに宣言し、さっそく係一号が誕生したのでした。う～んいいなあ！　このやる気！

頼まれたわけでもないのにどんどん気づいて動ける子どもたちに、私は初日から「すご～い!!」の連発でした。

初日の宿題は、「明日の1時間目の自己紹介で、みんなが思わずにっこり、笑顔で聞きたくなるような話し方ができるよう、作戦を練ってこよう！」というミッションでした。

その結果、お話がとってもユーモラスでみんなを笑いに巻き込んだ村井君、今西君、松村君。

黒板を利用してアイデアいっぱいの自己紹介で、みんなの心をわしづかみにした伊藤さん、萩島さん。

愉快な4コマ漫画を描いてきて、おっちょこちょいの自分をアピールした三戸さんの6人は、さっそくお話上手のチャンピオンに輝きました。

みんなもどんどんお話上手になって、これから始まる授業を楽しいものにしよう！ と話しました。

そのあとみんなでドッチボールをやりまくりました。どの子も汗びっしょり！細胞生き生き！ 元気いっぱいに1年がスタートしました。

これが第1日目の様子です。

学級だよりの第一号から、「保護者への挨拶」もそこそこに、子どもの個人名を挙げて、そのよさをどんどん発信しています。

初日からわくわくさせる

「黒板ふきのプロ」と「お話し上手チャンピオン」をあっという間に誕生させてしまっています。

プロやチャンピオンの称号は、子どもたちに存在感やプライドを育てます。

自己紹介で「みんなが思わず笑顔で聞きたくなるような話し方」と注文をつけたのは、最初から相手の存在というものを意識させたかったからです。これから始まっていく授業への布石です。話すときには必ず「聴いてくれる相手」がいること、話し手と聴き手との呼応が授業を楽しく充実させていくのだということをみんなで感じ合い、

「授業もなんだか楽しくなりそう！」とわくわくさせることが大事なのです。

そして、初日から学級の全員で汗びしょになってドッチボールをやりまくる…つまり子どもたちの身も心も立ち上がらせる、テンションを上げるということをやっているのです。

どの子からも子ども本来の元気を引き出し、心を解放させ、集団への所属意識を高めるのに、遊びは最適です。

教室では遠慮がちにしている子も、遊びの中だとドサクサに紛れて先生に甘えてこれます。

そういう子どもたちと無心で笑い合い、スキンシップをとって心身を解放させていきます。それが冒頭で書いたような、短い休み時間の光景に繋がっていきます。

休み時間の外遊びのエネルギーやまとまりが、チャイムと共にそのまま授業へと移行したものです。

遊びが充実している学級は、学びへの意欲も充実し、生活そのものも充実していることを、子どもたちの姿から確信していました。

うれしいことに目を向ける

学級通信で語られているこの学級はギャングエイジそのもので、エネルギーが有り余って落ち着かず、もちろん問題や困った実態もたくさんありました。でも、それを何とかしようとすると教師の顔は曇ります。だから、困ったことはひとまず横へ置いておきます。

「こうならないため」ではなく「こうなりたいため」に生きる方が楽しいじゃないで

すか。

「ここを直すため」ではなく「ここを伸ばすため」に生きる方が、教師も子どももずっと楽しく軽やかでしょう?

だからあえて「うれしいこと」に目を向けます。

荷物を運んでくれた!

掃除道具入れを整頓してくれた!

黒板を拭いてくれた!

どれも特別なことではありません。でも、

「張り切って運んでくれた」

「完璧に整頓してくれた」

「きれ~いに拭いてくれた」

…そんな描写一つで、「その子の働きっぷりの素敵さ」「人間性の素敵さ」が伝わります。

子どもたちは「今度の先生、自分から進んで行動するとこんなに喜んでくれるんだ！　ちゃんと行動の中身を見てくれるんだ！」と初っ端から知ることとなります。

もちろん書かれていることは、その都度、直接本人に向かって発します。

「わあすごい！」

「まあうれしい！」

教師が発する日々の言葉が、子どもたちの明るい心や前向きな心を養っていきます。

面白い存在だなと思うこと

子どもたちの明るく元気な笑顔は、もうそれだけで、大人にとって「希望」ですよね。

でも、その笑顔を消すことは簡単です。子どもたちから安心と自由を奪えばいいのですから。

子どもたちの明るい笑顔は、子どもたちが安心して、何者からも抑圧されることなく自由に、のびのびと「自分らしさ」を発揮することができる学級をつくってこそ守られます。

そのために一番大事なことは、先生が子どもたちのことを「面白い存在だなあ！」と思うことでしょうか。

昔の学級だよりを読み返しますと、私は1年中子どもたちのことを面白がっていたんだなと気づきます。

落とし物係さんが「これ誰のですか〜」って落とし物の鉛筆を見せるんです。ひろし君がどれどれとおもむろに前へ出て行って、くんくんと匂いをかいで、「あっ、これ俺のんだ！」って言うんです！　匂いでわかるんかいな？（笑）、……そんな、子どもたちの本当に他愛もないシーンで教室はあふれています。そんな他愛もないことの一つひとつが面白くて可愛くて、ひろし君らしいなあ！　と思って、いつも笑ってしまうんです。

いたずらもケンカも、予想外の授業展開も……教師にとって都合が悪いようなこともあたふたせず、全面否定せず、子どもたちのいろんな局面や一挙手一投足をいちいち面白がっていると、子どもたちは自然に解き放たれていきます。

目立たない子どもたちの側に教師の立ち位置を置くこと

子どもたちの笑顔を守るために、もう一つ大事だと思うことは、教室の中の「目立たない子ども」や「問題のある子ども」の側に、教師の立ち位置を置くことかなと思います。

慌ただしい日々の中で、ともすれば学校では、優秀な子や、活発な子、声や体の大きい子やエネルギーのある子どもたちのペースで、日々が流れていきがちです。

その陰でひっそりとして目立たない子、授業中もだんまってお客さんを決め込んでいる子、休み時間ひとりでポツンとしている子……そういう子どもたちって、決して困る子ではありません。だから知らず知らずのうちに教師の意識の外に置かれてしまいがちです。

そんな子どもたちの存在にいつも心を止め、1日に1回でも目を合わせることができたらいいな。「授業に入ってこれない子どもたち」を放ったまま、パワーのある子たちだけで授業を進めることに胸の痛みを感じる感性をもちたいな。問題児だと言って引き継がれた子に、しっかりと落ち着ける居場所をつくってあげることができたらいいな。そもそもその子に本当に問題があるのかどうか、私は私の目で、先入観のないまっさらな目で、しっかりと見取りたいな……と、いつも思っていました。

学級づくりにおいて教師がまずしなければならないのは、そういう、私たちの手からこぼれ落ちていきがちな子どもたちとの関係性を築くこと、担任の立ち位置を、そういう子どもたちの側に置くことではないかと思います。

先生は誰も見捨てない。クラスの中で一人でもつまらない思いをしている子がいちゃダメなんだ。みんなで授業するんだよ。一人残らず全員で育ち合っていくんだよ。

それを全力で伝え続けることだと思います。

「性格だからしょうがないよ……障害があるんだから専門外の私にできることは限られている……家庭の問題には立ち入れないんだから仕方ないよ」と心のどこかで、実は半分諦めていたり……。表面に現れた「気になる現象」だけを直そうとしたり、正そうとしたり……、そうではなくて、ただただその子の痛みを理解したい！と願って心を寄せること。

障害や家庭の問題を変えることはできなくても、暴れる太郎君をぎゅっと抱きしめて、一緒にその痛みを感じることはできるはずです。

何にも言わなくたっていいんです。

先生が苛立てば、まわりの子どもたちの心も苛立ちます。

太郎君はもっと苛立ちます。

先生が心のどこかで、太郎君を迷惑な邪魔な存在だと思えば、子どもたちもそう思います。

抱きしめて共感するその5分を太郎君のためにとれるかどうか…。その5分間にまわりの子どもたちも様々なことを考えます。

抱きしめている先生の姿から大事なことがビンビンと、無言でまわりの子どもたちに伝わっていくのです。

この大人は、太郎君のことを厄介者扱いしていないな……太郎君のことを、諦めていないな……。太郎君の中に眠る力を信じ、その力を一生懸命引き出そうとしているな。太郎君に対してしっかりと尊敬をもって、期待をこめて接っしているな……。子どもたちがそう感じることで、学級全体の、「太郎君を見る目」が変わっていきます。

子ども同士で、太郎君のような気になる子を気づかったり、仲間として取り込もうとしたりする気持ちが芽生えていきます。

子どもたちが、お互いにお互いを、温かく肯定的に見るようになるんです。

別室でクールダウンしている太郎君の空席が気になってしょうがなくて、「ちょっとぼく、お迎えに行ってくるよ」なんて言い出す子が出てきます。

学級全体に優しい空気が満ちていくのです。

その「空気」が、太郎君の居場所をつくるのです。

先生ではなくその「空気」が、太郎君を変えていくのです。

そしてその空気は、周りの子どもたちの心にも安心感や安定感を与え、学級に情緒的一体感をもたらします。

太郎君にとって生きやすい教室は、ほかのみんなにとっても生きやすいのです。

誰もが安心して伸びていくことのできる学級の優しさ・温かさは、そんな空気の中で、醸成されていきます。

みんなで歌うこと

心を解放させるために、遊びと同じくらい大事にしていたのが、「みんなで歌うこと」でした。

実は、今回の執筆にあたって、「合唱についてもぜひ書いて下さい」とご要望をいただいていたのですが、何を書いていいのかわからなくて、とても悩みました。

悩んだときは、いつも子どもたちの日記や学級だよりを紐解きます。
こんなことが書かれていました。
4月8日　始業式から2日目の、4年生・本木君の日記です。

先生、今日音楽の時間、初めて『面白い！』と感じました。ぼくは3年生まで音楽の授業はあまり好きではありませんでした。しかし今日は、大大大っ好きになりました。ぼくは喉を大きく開け、目もぱっちり開け、鼻の穴もぷーっと膨らめて、「ともだーちはいいもんだー」と一番のきれいな声で歌いました。そして2番の歌詞も教えてもらって、「ふうん」と感心してしまうくらい、いい歌だと思いました。

5月18日　5年生の山岸さんの日記です。

今日、帰りの会で銀河鉄道999を歌っているとき、みんなの顔が光っているように見えました。みんな歌が大好きで一生懸命歌っているから光っているのかな？　私はみんなに、賞状をつくってあげたくなりました。私はみんなで歌う時間が大好きです。言葉がなくても繋がり合えるからです。歌はみんなの心を一つにするものなんだな。

……こうして懐かしく読み返しながら、改めて思うのは、私のクラスにとって歌うことは、特別なシーンではなく、「日常」だったということです。

「朝の歌」「帰りの歌」をとても大事にしていました。

上手い下手を問題にしたことはありません。

みんなで心を合わせて楽しんで歌うことを大切にしました。

朝の歌も帰りの歌も、毎日子どもたち一人ひとりと目を合わせ、私もニコニコと一緒に歌いました。

ただ純粋に、共に歌うことを楽しみました。

「楽しく」と言うと、子どもって、元気いっぱいの地声を張り上げて歌います。でも、

それだと美しくない…。美しくないと気持ちよくはなれません。本当の楽しさは味わえません。

「一人ひとりがどんなにいい声でも35人がバラバラな地声で自己主張し合ったら、ちっとも美しくないよね」と子どもにも気づかせ、低学年であっても地声とさよならします。

「裏声を出そうとして変な声が出ちゃったり、変な顔になっちゃったりしてもぜんぜんオーケー。一生懸命が一番素敵！」

子どもたちにいつも言っていた言葉です。

本木君の日記を読んで、ああそうだ！　鼻の孔を大きく膨らませて一生懸命歌っている子を見つけたりすると、「きゃ～素敵！」「きゃ～可愛い！」「きゃ～最高！」と、いつもきゃ～きゃ～言いながら、目をハートにして喜んでいたっけなぁと思い出します。私はさながら、アイドルに夢中な「推し」でした。

子どもたちもお互いの顔を見て大笑いしながら、みんなどんどん鼻の孔が膨れていくんです。

本書でのリクエスト「どうしたらあんな歌声に？」の答えにはちっともなっていないかもしれませんが、「私自身が楽しくて幸せだったから」ということ以外に、どうしても答えが見つからないのです。

ちなみに私自身は音痴で、自信がないから、この歳までカラオケで一度も一人で歌ったことがないんです（子どもたちが周りに居て一緒に歌ってくれたら歌えるんだけどなー…）。

音楽の時間はたいてい私が反面教師になって、下手な見本を示して爆笑を買い、代わりに上手な子にお手本を示してもらっていました。

音楽に限らず、教師は何でもかんでも上手で得意で、子どもよりも上でなければならないなんてことはないのだと、若い先生方にお伝えしたいです。

Bump of Chickenの18祭をテレビでご覧になった方もいらっしゃるかと思いますが、全国から集まった名前も知らない1000人の若者たちが、「共に歌うこと」を通して、共感し合い、感動し合い、こみあげる涙を拭いもせずに歌う姿は、聞く者の魂をも揺り動かすほどの力をもっていました。

「合唱」というものがもつこの力を、私はずっと信じ、学級づくりの要の一つにしてきたなと思います。

帰りの会は子どもたちの素敵さに出会う時間

朝の歌、帰りの歌を大事にしていたとお話ししましたが、朝の会、帰りの会も合わせれば年間65時間にもなります。大切な時間です。

特に、帰りの会では、たくさんの心に残る話し合いとドラマが生まれました。

こんな学級だよりが残っていました。


帰りの会で黒木君が立ちました。

「ぼくね、みんなに聞いてほしいことがあるんだけど…」と言いながら、その目にみるみる涙がたまっていきました。

「ぼくね、反省したいことがあるんだよ。今日Aちゃんの悪口を言ってしまったんだよ。ひどいこと言っちゃって悪かったなあって思うんだよ。ごめんね、Aちゃん…」

そのAちゃんは今日は欠席でいないのです。

悪口言っちゃった自分が情けなくて、いないAちゃんに、泣きながら謝っているのです。

黙っていればみんなに知られずすむことなのに、それでは自分が納得いかなかったのでしょう。

周りに温かい沈黙が流れました。そんな黒木君の姿に、みんな心を寄り添わせているのです。

「黒木君、あしたAちゃんが来たら、ちゃんと謝る？」

「いや、わざわざ謝らない方がいいんじゃない？　悪口言われたって知ったらAちゃんだって悲しいし、黒木君ももう反省したんだもん…」などと関わっていく子どもたちも、黒木君の気持ち、Aちゃんの気持ちを温かく思いやっているのです。ホットなホットな帰りの会でした。


私にとって帰りの会は、子どもたちの素敵さに出会う大事な時間でした。

第3章、第4章にも帰りの会の様子が出てきますが、日々の朝や帰りの会の時間は、子どもにとって貴重な学びの場、心づくりの場になります。

子どもたち自身にとことん考えさせること

30人以上の子どもたちが狭い空間の中で暮らしているのですから、教室では毎日本当によく問題が発生しますよね。

でも、問題は、子どもたちが成長するチャンス、子どもたちが「自分理解」「他者理解」を深め、問題解決力をつけるチャンスです。

心優しい先生方は、「ドッチボールは、友達を標的にボールを当てる野蛮な遊びだから、やめた方がいい」「運動会の徒競走では、優劣がはっきりわからないよう、同じようなタイムの子どうしで走らせるのがいい」なんておっしゃいます。

でも私はそうは思わないのです。

ドッチボールが苦手な子がいたら、ギュッと手を繋いで、一緒にキャーキャー逃げ回ります。それでもやっぱり「ドッチボールは痛い・怖いから嫌だな」と思っている子がいるなら、みんなにその気持ちを伝えることができるよう導きたいし、その子の気持ちをしっかり受け止めて、よりよいルールや配慮のあるかかわり方を考えていける集団を育てたいのです。

徒競走も同じです。社会に出れば自分よりレベルが上の人なんかわんさといるのです。

「徒競走でビリ」の痛みを知ることが、強さや耐性や謙虚さを育てるのだと思うし、それ以外のところでは、誰よりも活躍できる素敵なあなたなのだと、必ず気づかせてあげるから！　と思っていました。

大事なことは、子どもが傷つかないよう先回りして問題を排除してあげることではなく、問題があれば、子どもたち自身にとことん考えさせることです。

「こうしなさい」と教えるのではなく、「どうする？」「どうしたい？」と問いかけることです。

しっかり悩ませ、一人ひとりが自分事として自らを見つめる場にすること、自分の感情や他者と折り合いをつけながら生きていくことを学ぶ場にすることを、日常の中でいつも大事にしていました。

この年の学級だより最終回には、石田君という男の子がこんな詩を寄せてくれました。

青空に飛行機雲が、高く高く上っていく。
ぼくらの願いを神様に届けてくれるだろうか。
もうすぐぼくらは一つ大人に。
時は止まらずに動いていく。
ぼくらはここに立ち止まってはいけないのだろう。
でも先生。
ずっとこのままでいたいよ。
そんなぼくらの気持ち、忘れないでね…

ギャングエイジそのものの騒々しかった4年生の教室が、こんなにしっとりとしたものに変わっていくのですね。

第1章を受けて　宇野弘恵

今の時代、「みんなが主役」は無理なのか？

先ほど、X（旧Twitter）を眺めていますと、こんな内容の投稿が目に入りました。

> 「先生、宿題が少なすぎます。宿題がないと家で何を勉強していいかわかりません。もっと家でも勉強できるように宿題を増やしてください」
> 「先生、宿題が多すぎます。私は習い事と塾で忙しいのです。宿題なんかやっている暇はありません。宿題をなくしてください」
> 子どもからの正反対の要望。どちらかに合わせればどちらかが文句を言う。どうしろって？　無理でしょ。これが「学校」というところです。

これを読んだみなさんの中には、「そうそう」「わかる、わかる」と首を縦に振る方もいらっしゃるのではないかと想像します。この投稿のように、学校は実に多種多様な性質や好み、要望をもち、多種多様な状況にある子がいます。そうした子すべてが満足する教室づくりなんて土台無理だと思うかもしれません。「宿題出せ！」を立てればこっちが主役になり、「宿題なくせ！」を立てればこちらが主役になるのですから。どちらも同時に「主役」にすることはできないのです。

しかし、鈴木学級では、全員が「主役」です。そりゃ昔のことだもの、子どもも素直で従順だったのじゃない？　保護者も協力的だっただろうし地域的に落ち着いていたのでは？　学校体制が整っていたのでしょ？　それならみんなが主役になれて当たり前よ！　今の時代は、無理、無理、無理。

本当でしょうか？

たしかに、私自身が教員になった約30年前と比べると、仕事量も保護者の要望も増えたし、学校も社会も不寛容になりました。子ども理解も複雑になったし、昔では考えられない問題も起きる時代になりました。地域差や学校差というのも大きくなったように感じます。それらが、「みんなが主役」の教室をつくりづらくしているという一面はあるかもしれません。

あるいは、そもそも「みんなが主役」になんてならなくってよいと考える方もいるかもしれません。子どもの要望などそこそこ聞いておけばよいのだ。社会は自分に合わせてはくれないよ。自分が社会に合わせるようにしなきゃ。そんなに甘くないのだよ。それに、学校で自分は主役だと思っていても、社会ではそうじゃない。今のうちに、「諦める」とか「分をわきまえる」とか「我慢する」とかいうことをちゃんと身につけておくべきだ、と。

このように、「みんなが主役」ということを懐疑的、否定的に見る背景には、

・今の時代は、時間的、物理的、環境的に無理

・子どもをちやほやせず、現実を見せよ

という考えがあるように思います。たしかにそれも大事な視点です。では、時間的・物理的環境が整ってさえいれば「みんなが主役」の教室はできるのでしょうか。そして、「みんなを主役」にすることは、甘やかしや迎合なのでしょうか。それは、「ちやほや」なのでしょうか。

「みんなが主役」ということ

恵子先生のおっしゃる「みんなが主役」とは、つまり、自他尊敬自他尊重であると私は思います。自分という唯一無二の尊い存在を大事にしよう。同時に自分と同じ尊い存在の他者も大事にしよう。恵子先生は、そうおっしゃっているのだと思います。恵子先生のどのご実践にも、自他尊敬自他尊重が土台としてあるのです。

恵子先生は、38頁で次のように述べられています。

ちなみに私は音痴で、自身がないから、この年までカラオケで一度も、一人で歌ったことがないんです（子どもたちが周りに居て一緒に歌ってくれたら歌えるんだけどな！……）。音楽の時間はたいてい私が反面教師になって、下手な見本を示して爆笑を買い、代わりに上手な子にお手本を示してもらっていました。音楽に限らず、教師は何でもかんでも上手で得意で、子どもより上でなければならないなんてことはないのだと、若い先生方にお伝えしたいです。

子どもに、「先生の机は相変わらず汚いねえ」と言われながら机上整理をしてもらうエピソード（19頁）からもわかるように、惠子先生ご自身がそのままの自分を受け入れていらっしゃいます。「受け入れる」というと、「本当は嫌だけどがんばって認める」というニュアンスになるので、「肯定も否定もせず、ただただ受け止めている」とい表現の方が適切かもしれません。

人間なら、誰しも欠点があります。失敗だってします。そんなとき多くの人は、欠点を悲しんだり失敗に落ち込んだりします。惠子先生にだって、きっとそういうことはあると想像します。でも、「だから自分はダメ人間だ」ではなく、「まあ、これも私よね」とされているのではないでしょうか。

屈みこまず、背伸びもせず。まあ仕方ないわねえ私ったらと可笑しくなる。丸ごとの自分を抱き締めるような自己尊敬と自己尊重。惠子先生の土台にこれがあるから、子どもに対しても「どの子も素晴らしい」「どの子も唯一無二」「どの子も大切」という眼差しを向けられる。どの子もありのままで素晴らしいのだという前提があるから、子どもたちの言動を「面白がる」「可愛いがる」「ただ喜ぶ」ことができる。
恵子先生のおっしゃる「みんなが主役」とは、自他の存在を「受け止める」ということなのではないでしょうか。

ありのままのあなたがいい。
ありのままのあなたが大好き。
そして、どの子もあなたと同じように大切。

そんな思いの先に、鈴木学級は在る。教師の存在を含めたあらゆるもので、自他尊重と自他尊敬を具現化しているのだと思います。

まず、「承認」をする

鈴木学級には、子どもが自分で自分を承認できる場が随所にあります。たとえば、学級通信。惠子先生は、2日目の通信で子どもたちの名前を挙げて承認しています（21頁）。単に名前を挙げて褒めるということではなく、「たのもしいなあ！」「ナイトやなあ♡」「うれしいなあ！」「すご～い！！」と、惠子先生が感動した思いを言葉で伝えています。なぜ、これが自己承認に繋がるのでしょうか？

通信には、「～くれた」という表現が多用されています。

・大きな荷物を4階まで、大張り切りで取りに行ってくれた
・放課後残って、掃除用具入れの中を完璧に整頓してくれた
・仲良し黒板に、自主的にメッセージを書き込んでくれた
・黒板をきれ～いに拭いて、磁石を丁寧に並べて帰ってくれた

「頼まれたわけでもないのにどんどん気づいて動ける子どもたち」と続いていることから、他者に頼まれて動いたことに対する「くれた」ではなく、子どもたちが「自分で考えて」動いたことに対する「くれた」だということがわかります。つまり、惠子先生は、唯一無二の存在である「あなた」が「自分で」考えたことがうれしいと言っているのです。他の誰でもない「あなた」にしか考えつかないことだと、その子の存在を尊んでいるのです。子どもたちはきっと、自分の言動を、つまりは自身の存在を肯定されていると感じるでしょう。

また、「お話がユーモラス」「アイディアいっぱいの自己紹介」「愉快な4コマ漫画」「おっちょこちょいの自分をアピール」という表現からも、それぞれの子たちの個性を肯定していることが伝わります。「上手に自己紹介をした」「黒板を利用して発表した」「漫画を描いてきた」という事実ではなく、その言動をとった子どもたち一人ひとりが素敵だということを惠子先生は伝えているのです。

この通信は、単に名前を挙げて1日の様子を伝えているだけではありません。子ど

もたちの無自覚な言動を惠子先生が価値づけして伝えているのです。そして、子どもたち一人ひとりに向け、

「あなたが自分で考えて動いたこと、素敵だったよ！　うれしかったよ！」

「あなたらしいあなたを教えてくれてありがとう！　うれしかったよ！」

と肯定し、承認しているのです。

子どもたちは、惠子先生に全力で存在を肯定してもらったことで、自分の言動の価値を知り、「自分っていいいな」「こんな自分好きだな」と感じたのではないかと思います。惠子先生の学級通信には、子どもたちが自己承認できる機能が備わっているのだと思います。

心を開放（解放）させる

「こんなんじゃだめだ」「こうあらねば」「こうしなきゃ」と自分自身への縛りつけは、

自己否定につながります。そんな呪縛から心を解放し、もっと自由に心を開放しようというご実践の一つが合唱。

「歌う」の語源は「訴う（うったう）」という説があります。訴えたいものが中にあって、それを表出したものが歌であるということ。つまり、言葉だけでは伝わらない気持ちや思いをメロディに乗せて伝えるのが「歌う」ということです。合唱は、自分と自分以外の人との声を合わせて歌うものです。この語源に照らして考えると、自分の中にある気持ちや思いを他者とともに表出することが「合唱」となります。

こう書いてしまえば、すっと納得してしまいそうですが、「他者と気持ちや思いを共に表出する」って容易いことなのでしょうか。鈴木学級の記録にも「心を合わせて」とありますが、全員の心って、そう簡単に合わさるものなのでしょうか。

記録には、「楽しく」「ニコニコと」とあります。もちろん、ただ楽しくニコニコとしていれば心が合わさるわけではありません。文面から読み取れるのは、

・教師も一緒に楽しむこと

・一人ひとりと目を合わせ、ニコニコと一緒に歌うこと

・教師も純粋に歌うことを楽しむこと

ということ自身の在り方です。上手に歌おう、ちゃんと歌おうではなく、子どもと同じ一人の存在として一緒に楽しむという在り方。まずは、「みんなで一緒に楽しもう」ということを体現されています。

その後に、恵子先生は声の出し方を指導されています。高度に楽しむためには、技術が要るということをおっしゃっているわけです。なぜ、技術指導が先ではないのでしょうか？

最初の音楽の時間。歌唱の技術指導をするということは、子どもたちの現状を否定することから入ることを意味します。「もっと口を開けて」ということは口が開いていないからダメだということを指し、声の出し方を教えるということは声の出し方がわかっていないからダメだということを指します。「今は下手」という前提だから「もっと上手に」と指導するのです。

最初から「下手だ」「ダメだ」と言外に言われて、歌うことを楽しむことはできるのでしょうか。きっと、多くの子は「上手に歌わねば」と緊張したり、自分はうまくできないからと意欲を削いだりするでしょう。そうなると、子どもたちが心を開放（解放）したり心を合わせたりして歌うことなどなかなかできないでしょう。

惠子先生が技術指導から入らないのは、こうした子どもの側に立った目線があるからではないでしょうか。だから、まず楽しさを体感させる。みんなで歌うことの楽しさや喜びを味わわせる。一人ひとりが全力で歌う楽しさを知り、一生懸命歌うことでしか生まれない楽しさを教える。技術指導はその先に生まれるもの。学級通信にこんな一文があります。

> ○○君の日記を読んで、「ああそうだ！鼻の孔を大きく膨らませて一生懸命歌っている子を見つけたりすると、「きゃ〜素敵！」「きゃ〜可愛い！」「きゃ〜最高！」と、いつもきゃ〜きゃ〜言いながら、目をハートにして喜んでいたことを思い出します。（37頁）

一見、前項で話題にした「承認」と同様の場面に見えます。「子どもの言動を惠子先生が手放しで喜ぶ」という点では「承認」と言えます。しかし、「一生懸命歌っている子」への承認であるという点が異なるのです。

恵子先生は、子どもたちに「一生懸命が一番素敵」と伝えています。上手とか下手ではなく、一生懸命が一番大事であると。夢中で歌ってごらん。没頭してごらん。頭も心も空っぽにして、ただただ一緒に歌おうと。一生懸命歌ったら、楽しいでしょ？そうしたら、楽しいって気持ちがみんなと合わさるよね。心が一つになったように感じるよね。これって、一人ひとりが一生懸命だから感じることなの。そして、一人じゃなく、みんなと歌うからわかることだよ。恵子先生は、こんなふうに語りかけているように思います。

一生懸命になることやこだわりを捨てて夢中になることを通して、子どもたちの心がだんだん解放（開放）されていく。ありのままの自分をさらけ出して、すっきりして素直な気持ちになっていく。そして、互いにさらけだした心で接することで、子どもたちの心も素直に繋がっていくのだと思います。

一生懸命に全力で取り組むから楽しい。楽しいからもっと上手になりたいという意欲が湧く。意欲があるから、技術指導が子どもに届く。上手に歌えるようになれば、さらに高度に自己を表出させることができる。さらに高度な楽しみを得ることができる。鈴木学級の子たちは、こんなサイクルの中で、全力で取り組み自己を解放（開放）させているのだと思います。これは、鈴木学級の子たちが汗びっしょりになってドッジボールをするというエピソード（23頁）にも言えることだと思います。

メタ認知と自己決定の場を設ける

元来、学校は問題が起こる場所です。人が集まれば摩擦が起き軋轢が生じるものですし、子どもはそもそも問題を起こすものだからです。問題を通して成長するというのが、人間の正常な成長の過程であると思います。

しかしながら、現代は問題を通して成長することが難しい時代です。劣悪ないじめから命を絶ってしまったり、取り返しのつかない心の傷を負ってしまったりすることが頻発する世の中ですから、大人が（あるいは社会が）子どもを守ろうとシフトするのもある意味やむを得ないことだと私は思っています。

一方で、問題を起こさせないという方向性は、本当に子どもを守っているのかという疑問もあります。子どもが転ばないように大人が目の前の石をすべて除けてやり、もう大丈夫と子どもの目の前に赤い絨毯《じゅうたん》を敷いて歩かせることが、本当の意味で子どもを守ることに繋がるのか？　と思うのです。

惠子先生は、子どもが傷つくという理由でドッジボールや徒競走を廃止する考えに疑問を呈しています。傷つくから除けてやるではなく、傷つかなくても済むような、あるいは傷ついても平気であるような考え方や方法を子ども自身が得ることが大事ではないかと。子ども自身が「それは自分の問題である」と捉え、問題を自己解決する力を身につけられるようにすることこそが、真の意味で「子どもを守る」ということではないかとおっしゃっているのです。

では、問題が起きたとき、鈴木学級ではどのように問題を成長につなげているのか、次の一節から考えてみます。

大事なことは、子どもが傷つかないように先回りして問題を排除してあげることではなく、問題があれば、子どもたち自身にとことん考えさせることです。「こうしなさい」と教えるのではなく、「どうする?」「どうしたい?」と問いかけることです。しっかり悩ませ、一人ひとりが自分事として自らを見つめる場にすることを、日常の中でいつも大切にしてきました。(43頁)

問題が起きたとき、私たち教師は何とか問題を解決しようとします。その「解決」とは、いったい何を指すのでしょうか。謝罪でしょうか。それとも、和解でしょうか。恵子先生は、そのどちらをも目指していないように思います。「問題があれば、子どもたち自身にとことん考えさせる」「どうしたいかを問いかける」「しっかり悩ませる」「自分事として自らを見つめる場にする」というのは、つまりは自分でちゃんと考えなさいということです。誰かに結論づけてもらうのではなく、安易に結論を出すのでもなく、色々な方向から自分で考えてみなさいと。そうすることで、問題をメタ認知させていく。さらに、どうしたいのかを問うことで、自己決定をさせる。自分のことは自分で決めよ、自分のしたことには自分で責任をもてと問題を自分のものにさせていく。メタ認知と自己決定を促すことで当事者意識を高め、自らを見つめることができるようにしていく。謝罪や和解はその先にあるものなのです。

とはいえ、問題が起きたとき、保護者の顔が真っ先に浮かぶ人もいるでしょう。保護者から責められたらどうしよう。「先生、しっかり子どもを見ていてくださいって咎められたらいやだなあ」、そう思って委縮するかもしれません。

あるいは、管理職の顔が浮かぶ人もいるかもしれません。「これまでどういう指導していたの？　ちゃんとしてね、しっかりしてね」と説教されたら嫌だなあ。他の先生から、あいつは力がないって思われることを恐れる人もいるかもしれません。

あるいは、子どもたちの目線が気になるかもしれませんね。ちゃんと解決しなければ子どもに舐められる。頼りないと思われる。今回の問題をちゃんと解決しなければ、今度はもっと大きな問題が起きるに違いない、と。

そう悩まれる気持ちはわかります。でも、問題解決の先に、保護者や管理職・同僚、他の子どもの目があれば、「問題は成長のチャンス」と捉えることはできません。誰からも非難されないように問題を「処理」するだけです。謝罪を促したり「もうしない」と約束させたり、問題を回避できるようにしてやったり。これで問題は起きないし、非難されることもないだろうけれど、子どもたちの心はちっとも成長しません。

恵子先生は、周りの目だとか評判なんかを一切度外視し、子どもの成長だけを見据えています。だから、子どもたち自身にとことん考えさせるのです。自分たちの問題だよ、ちゃんと自分たちで向き合いなさいと、自分たちで話し合わせるのです。先回りせず、じっと待つのです。

それができるのは、やっぱり「どの子も問題に向き合う力をもっている」と子どもの力を信じているから。子どもでありながら一人の人間として尊敬・尊重し、大切に思っているからではないでしょうか。

一人でじっくり内省するためのアイテムとして日記が、みんなで多面的に見つめるためのアイテムとして帰りの会の話し合いが、鈴木学級にはあります。自己省察と話し合いの往還を経ながら、子どもたちはメタ認知度を上げていく。子どもたちの中に、他者の中での自分とは何か、自分にとっての他者は何かという視点があるから、問題を通して成長することができるのではないでしょうか。

今だからこそ「みんなが主役」を

恵子先生がおっしゃる「みんなが主役」というのは、自他尊敬と自他尊重。唯一無二の存在を互いに尊敬し、尊重しましょうということ。自分を含めたそれぞれが人生の主役であり、脇役である。だから主役としての自分は精いっぱい輝き、主役である他人も精いっぱい輝けるようにしましょう、とおっしゃっているのです。

それを具現化するために、恵子先生は、子どもたちのありのままの姿を肯定することで自己承認していくこと、「一生懸命って楽しい」を経験させることを通して心を解放（開放）させていくこと、問題解決や話し合い、日記を通してメタ認知度を上げ、自己決定させていくことをされています。これらの日常指導や取り組み、そして恵子先生の存在自体が、自他への理解を深め、自他を大切に思う心を育んでいるのです。

たしかに惠子先生のこのご実践は、四半世紀ほど前のものです。その時代はたしかに今より社会は寛容で、学校や教師の権威もあったでしょう。教科数も授業時数も少ないし、保護者や子どもの要望も今ほど多様で複雑ではなかったかもしれません。

しかし、この時代は校内暴力全盛期でした。受験戦争が激化し、生活科や総合的な学習の時間の創設、学校五日制の導入など、教育施策が大きく変わった時期でもありました。休日出勤やサービス残業は当たり前で、誰も異を唱えられませんでした。男尊女卑だってあからさまでした。女性だから頼りない、女性だからお茶を出せ、女子だから教務はさせられぬ……そんな空気が漂う時代でした。

今の時代は大変ではあるけれど、それは今に限ったことではないのです。どの時代にもその時代の大変さがあり、難しさがありました。ですから、「今の時代では無理だ」と切り捨ててしまわず、「どうやったら今の時代でできる?」と考えることが、今の私たちにできることではないのでしょうか。

惠子先生のように日記を書かせなくても、学級通信を出さなくても、「みんなが主役」の教室をつくることはできます。自他承認できるように自分は何ができるか、「一生懸命が楽しい」を何でどうやって経験させようか、心を解放（開放）させるのは何がよいだろうか、メタ認知度を上げ自己決定させる場をどう設けようか、それにはどんな関わりがよいだろうかと、今の環境の中でできることや今の時代に必要なこと、自分にできることを考えて実践すればよいのです。

個の多様性と叫ばれながらも個が埋没していくような「今」だからこそ、改めて一人ひとりの人間が尊敬され、尊重される教育を大事にしたいと私は思います。

第2章

授業で心を育てる

授業で大事にしてきた4つのこと
―全員が授業の主役であるために―

私はこんな授業が好きでした。

一人ひとりは限りなく自由なんだけど、バラバラではない。心ひとつに課題に挑もうとするエネルギーに満ちている。
勉強が得意じゃない子だって、授業では堂々と顔を上げ、授業の中で居場所を築き、存在感を放っている。「全員が授業の主役」である。

そんな授業の姿をいつも願ってきました。
「主役」とはナンバーワンや舞台の真ん中に立つことを意味するのではありません。
一人ひとりが授業の中で、集団に埋没することなく、自分らしく、生き生きのびのびと、持てる力を存分に発揮して「それぞれの人生の主役」であってほしい…。授業を、子どもたちの精いっぱいの「自己実現の場」にしたいと考えていたのです。

そのためにどんなことをしたかと言えば、

1つ目には、国語の表現読み、音楽の合唱など、声を出す活動、声を揃える活動を通して、心を開き、自由に表現することの楽しさ・心地よさをめいっぱい味わわせたこと（これにより、勉強が得意でない子どもたちも一気に輝きだします）。

2つ目には、これは当時、静岡県藤枝市の多くの学校でやられていたことですが、子どもたちと一緒に「ぼくは、私は、どんな授業がしたいのか？」をじっくりと話し合い、目指す授業像を決めたこと。その授業像は、子どもたち一人ひとりが、自分にとっての意味や具体を語れるまでにかみ砕き、1年間常に振り返る基地にしたこと（これにより、勉強が得意でない子どもたちにも、授業への思いが生まれます）。

3つ目には、「話すこと・聞くこと」の質を高め、「相手意識をもって話し、聞き合う力」を育むことによって「お互いを大事にする心」を養ったこと。話し合うことによって自分たちの力で答えを見つけ出すことの楽しさ、有能感を感じ取らせていったこと、教師に導かれるのではなく、主体的に学ぶ子どもを育てていったことです（これにより、勉強が得意でない子どもたちにも活躍の場が生まれ、すべての子どもが授業に巻き込まれていきます）。

4つ目には、「子どもが心を動かして学ぶこと」を大事にしたこと。

そのために、この教科・教材でしか伝えることができない感動や魅力は何だろう？　この教科・教材は今、目の前にいるAちゃんやBちゃんの価値観や生き方にどう働きかけていくだろうか…？　そんなことを考えながら教材を分析したことです。

自分の体の中を通したわかり方

4つとも私の授業づくりにとって大切なポイントでしたが、本書では、普段あまりお話したことのない4番目に触れてみようかと思います。

たとえば、国語科では、主体的に読む力をつけたくて、いつも子どもたちに語りかけていた言葉があります。

「自分の体の中を通したわかり方をしようよ」

文章を頭の上で素通りさせてしまうのではなく、言葉の一つひとつに立ち止まって、五感を研ぎ澄ませ、経験と繋ぎ合わせながら、自分の内側から生まれてくるものを大事にして読み広げてごらん…と。

五感や経験は一人ひとりみんなちがうから、そうやって読み広げた子どもの発言の中には、一人ひとりの個性が見えます。

一人ひとりの生活、一人ひとりの顔が見えるので、はるちゃんらしいなと思って、何だかみんな笑顔になってしまう…私はそんな発言が繰り出される授業が好きでした。

「川とノリオ」で、「日傘の親子を見てノリオはどんな気持ちだったでしょう?」と教師が発問し、「日傘の親子は幸せそうで、それを見ているノリオは悲しい気持ちになったと思う」と子どもが答えたら、それは正解です。テストもそれで◯になるでしょう。1分で授業は終わります。

でもそれは、正解であっても空疎な問答でしかありません。空疎な問答を繰り返していると、子どもたちの読みへの関心は瞬く間にしぼんでいきます。

国語の授業の面白さというのはここからなんですね。

作者がサラッと書いている「葉桜の前を通り過ぎていく　日傘の母子の幸せな光景」を、九谷君は、「ひとり鍬を振るうノリオの貧しく孤独な姿」と対比させ、「とってもリッチでまぶしい感じがする」と言いました。

杉原さんは、「何もかもがグレイな世界にいるノリオ」の目には、「なんだかそこだけがポッと明るくて、ランランランラ～ン♪っていう感じなんだよう」と発言しました。

2人とも、「幸せそう」なんていう概念的な言葉は使わずに、ノリオの傷をえぐるようなその光景を、自分だけのオリジナルな言葉で表現し、みんなに伝えようとしています。

言葉や文章が発する微妙なニュアンス、豊かな味わいが、交流によってふくらんでいきます。それこそが、教材「川とノリオ」だけが放つ「世界観」に触れるということであり、国語科で交流することの楽しさだと思うのです。

心を動かして読むこと

説明文であっても目指したところは同じです。

「花を見つける手がかり」で「大がかりって何だろう?・」という学習問題に対して、

「一度に100匹、200匹もの蝶を使うから大がかりなんだよ」…と教科書の叙述に即して答えを探し出してくるだけでは、何かとても、うわずみだけをなぞっている気がするのです。

どう掘り下げたら子どもが心揺さぶられるだろうか？

「心揺さぶられる」というのは、「自分の考えの浅さに気づいたり、ああそういうことか！　という納得があったりすること」です。

だから、「べつに5匹でも10匹でもわかるんじゃない？」とつぶやいた伊織さんの素朴な疑問を見逃さず、そこに立ち止まらせました。

賢いけんいちさんが、「だってさあ、5匹や10匹じゃあ、たまたまかもしれないからだよ」と説明しますが、そんなことを言われても、論理的思考が苦手なひろみさんやなおきさんにはピンときません。

でも洋子さんが、「うちのお母さんだってね、買い物するとき、口コミが3人とか5人だとあてにならないって言うよ。100人も200人も口コミしてて『良い』がいっぱいついていたら信用して買うんだよ」って言った瞬間、「あ〜あ！」と、みんなの頭がクリアになるんですね。

そんな生活に根差した意見が出てきたとき、初めて文章がストンと子どもの中に落ちていくんです。

ああ、そういうことか！　と納得する、科学者って慎重で思慮深いんだね！　と筆者が言いたかったことが、ストンと自分のものになる…物語文も説明文も、そんなふうに「心を動かして読む」ことを大事にしていました。

自分の言葉で語れる授業

心を動かして学ぶという点では、道徳はその最たるものです。

・道徳はみんなで心を交流させる柔らかな時間
・穏やかに素直に、お互いの理想や現実を吐き出し、共感し合う時間

・自分の中の弱さや狡さに気づき、少しでもよりよい方向へ変わりたいと思える時間

若いころ、お馴染みの「橋の上のおおかみ」の授業をしたときに、授業の最初に「おもいやり」とゆっくり板書し、「今日はおもいやりについて勉強しようね」と言って始めたことがありました。

事後研でベテランの先生から、「授業の最後に子どもの口から出させたい価値を、最初に先生が言っちゃダメでしょ」と、苦笑されたことがありました。

う〜ん（笑）、でも20代の若き私は、そのとき心の中で「そうかなあ？」と思ったし、今でも「そうかなあ？」と思っているんです。

道徳の授業の目的は、授業の最後に子どもから「思いやり」という言葉を出させることではありません。

思いやりが大切なことくらい、「橋の上のおおかみ」をやらなくたって、低学年の子どもたちにもわかっています。

でも、思いやりって大事だって知っていたけど、「自分が遊ぶのに夢中で、一人ぼっちでいるたかちゃんに気づかなかった自分」だったり、「かなこちゃんと二人で帰りたかったので、ひろちゃんには『帰れない』と断ってしまった自分」だったり…。そんな自分に、改めて気づくことができること。

遊ぶのに夢中な自分も、かなこちゃんと二人で帰りたかった自分も認めながらも、たかちゃんやひろちゃんの寂しさに改めて思いを向け、自分の中にある小さな無神経さや小さな非情さを自覚し、「あのときはだめだったなあ…」とため息をついたり、「やっぱくまさんってかっこいいよなあ」と橋の上のくまさん的生き方に憧れをもつようになったりすること。

立派な言葉が行きかう授業でなくていいから、授業前は観念的であったり他人事であったりした「思いやり」という言葉が、授業後には自分と重なり、実態のあるものになっていく、自分の言葉で語れるようになっていく、それが大事だと思うのです。

そんな道徳の授業にするために、既存の資料はずいぶんいじりました。45分の授業の中で、子どもの心に変容をもたらすために、資料は命だと思っていました。

資料は命

星野富弘さんの生き様（悲しみ、苦しみ、優しさ、強さ）を通して、「精いっぱい命を全うすることの尊さ」を子どもたちに伝えたくて、彼の著書を何冊か組み合わせて再構成した、自作資料で授業をしたことがありました。どんな言葉なら、目の前の子どもたちの心を揺さぶり、「生きることの意味」に立ち止まらせることができるだろうかと、一字一句にこだわり抜いてつくった資料でした。

よい資料というものは、余分な説明や発問などしなくても、ただそっと語り聞かせるだけで子どもの心にすぅーっと染み込み、何かを問いかけ、大きな感動を与える力をもつものだと、そのとき実感しました。身

を乗り出して資料に聞き入っていた子どもたちでしたが、しばらくの沈黙の後、「星野さんに比べて、ぼくは、私は、何だってできる健康な体を持っているのに、めんどくさがったり、怠けたりさぼったり、愚痴を言ったり……命を無駄に使っている自分が情けなくて……あのときもそうだった、このときもそうだった……」と、子どもたちは泣きながら語り出したのです。

星野さんの境遇や生き様の衝撃があまりに大きすぎて、「精いっぱいを生きていない『今の自分』は好きじゃない」という、ネガティブな空気に覆われそうになった授業の終末で、私は4月から時々デジカメで撮りためていた子どもたちの写真を、大写しにして見せました。

運動会の短距離走で、歯を食いしばって力走する、くしゃくしゃな顔。

応援合戦で、力の限り声を絞り出す汗まみれの顔。

大きな口を開けて夢中で歌う顔。

友達の方を食い入るように見て、その発言に聞き入る真剣な、集中した顔……そんな映像を見ながら、子どもたちの泣き顔がみるみる笑顔に変わっていきました。

「どの顔も美しいなあ！　こんな顔が、先生は大好きだよ。みんなにもこんなふうに力の限り生きている瞬間がいっぱいあるんだね。これからも、こんな素敵な顔をいっぱい見せ合えたらいいね」と語り、ほのぼのと明るい余韻の中で授業を閉じました。

変容があってこそ活動は学びになる

総合的な学習の時間に、老人福祉施設を訪問するという活動が、全国津々浦々で実践されていました。

そこでいつも感じていたのは、子どもは大人が用意した「施設訪問」というレールの上を、ただ歩かされているだけではないのか？　という空しい感覚でした。訪問後の言語活動で、子どもたちが、模造紙に書いたものを無表情に「棒読みしている姿」への残念な気持ちでした。

訪問させるなら、子どもの問いや深い思いが生まれてくるように仕組みたいといつも思っていました。

そのために、子どもたちの「本音」を大事にしました。

あるグループは、「源蔵さんというおじいさんが頑固で、何を話しかけてもぶすっとして返事をしてくれなかった。お手玉も折り紙もやってくれなかった」と困惑して帰ってきました。

2回目の交流では、じゃあ源蔵さんにも参加してもらえる工夫をしよう！　と知恵を絞り、あ〜でもないこ〜でもないと話し合いの末、「はないちもんめ」をやることに決まりました。この「話し合う過程」「あ〜でもないこ〜でもない」が大事だと思うのです。

「はないちもんめ」なら否応なく手をつなぎ、名前を呼び合い、互いの温もりを感じることができるだろうと、子どもたちが考え抜いた決定打が「はないちもんめ」だったのです。

名前は、鈴木さんとか佐藤さんとかいう苗字で呼び合うよりも、互いに愛称で呼び合った方が親しみが湧くんじゃないかと、そこまで子どもたちは考えるんですね。

当日は、おじいさん、おばあさんから愛称を聞きだして大きな名札に書き、胸につけてもらいました。

源蔵さんは答えてくれなかったけれど、施設の方から「げんさん」と呼ばれていると聞き、名札をつくってあげることができました。

当日、子どもたちから「げんさんがほ〜しい！」と言われたとき、それまで反応しなかった源蔵さんの顔が初めて緩んだんです。「あれは笑顔だった！」と子どもたちは、後からうれしそうに振り返りました。

「はないちもんめ」で、何度も何度も子どもたちから選ばれて、繰り返し「源さんがほーしい！」と言われ、図らずも楽しいときを過ごした源蔵さんは、もしかしたら少し心を許してくれたのでしょうか。その後の会話の中で、子どもたちは、源蔵さんには身寄りがなく天涯孤独であることを知ります。「世の中にゃ何にも期待しておらんよ。いつ死んでもいい」って言ってたと、子どもたちは心を痛め、「人が老いていくということ」「人の老後」「家族」というものについて考え始めるんです。

かなさんは、第1回目に「みよさんがポケットにティッシュを入れていて、同じティッシュで何度も鼻をかむから気持ち悪かった」と振り返ったんです。

でも2回目の訪問で、「戦争中は物がなかったからね、紙一枚でも大事に大事に使ったんだよ。みよさんは豊かな時代になった今でも、その気持ちを忘れないでいるんだよ」と施設の人から教えてもらい、同じティッシュを何度も使うみよさんの思いを理解します。施設内に飾られたみよさんの美しい習字の文字を見て、昔教師をしていたというみよさんの「80年を超える人生」の重みを想像し、人の一生への認識を深めていきました。

たとえ、子どもたちが考えたこと、感じたことが、大人が思うようなレベルまで達しない幼いものであったとしても、子どもたち自身の「心が動いた」ということに値打ちがあると思うのです。

たとえ子どものプレゼンが、流れるように綺麗でなくても、子ども自身の内から生まれた「生の言葉」で語るということ、「伝えたい確かな思い」があるということに価値があると思うのです。

子どもたちの本音や戸惑い、つたない言葉の中からこそ、「一人ひとりの問いや追究のよさ、表現の輝き」を見取りたい。「総合的学習の時間」はそんな時間でありたいと思っていました。

施設訪問をしたことによって生まれる「自分の中の変容」の自覚があって、初めて活動は「学び」に変わるのではないでしょうか。

心が動いてこそ理解も思考力も深まる

どんな教科も同じ。「心が動いてこそ、理解も思考力も深まる」のだと思います。社会科は、子どもが社会事象を自分事で考えることができる課題設定が命じゃないかなと思っていました。

「日本はこれから輸入を大事にするべきか自給を大事にするべきか？」というテーマは、子どもが自分事で考えるのに最適なテーマで、とても面白い授業になりました。

「農薬や添加物の基準が甘い外国産は食べたくないから、自給を増やしてほしい」「もし外国の事情で輸入がストップしてしまったら、日本人は飢え死にしちゃうから、自給を増やすべき」

と主張する子が大半を占める中で、だけど、

「うちのお母さんは国産肉なんか高くて買えないって言うよ。ぼくは肉が好きだからアメリカ産でいいよ」

という子がいたり、

「となりのおじさんは農家だけど、儲からないって言ってたよ。息子さんも後を継いでくれないらしいよ。ぼくが息子でもやっぱり農業はやらないかもしれない」と言う

子がいたり。

自分の問題として考えることで、理想通りにはいかない…一筋縄では解決しない問題であることに気づくんですね。

今の時代だったら、ＡＩを活用したスマート農業などの話が出てきて、きっと30年前とはちがった討論になるのでしょうね。覗いてみたくなります。

自習はチャンス

私は午後から出張で留守をしなければならないようなときには、中学年以上であればたいてい、算数の問題を一つ黒板に書いて出かけていました。

簡単には解決できそうもない…、子どもたちにとって解決し甲斐のある、少しだけ難しめの問題を置いていくことにこだわりました。

心を解放させ、話す力・聴く力を身につけた子どもたちは、教師が居ようが居まいが、理想の授業像を目指して自分たちで授業をつくっていくことができます。出張から帰ると、いつもこれ見よがしに誇らしげに、授業の跡が板書に残されていたものでした。

自分たちだけで行った授業のがんばりをうんと褒めて、次の授業のために消そうとすると、「あ〜〜〜！　もったいな〜い！！！」と一斉にブーイングが起こったことが、懐かしく思い出されます。

主体的に臨む授業は子どもたちにとって楽しく誇らしいものなんですね。

教師の出張は、子どもたちが心置きなく、自由に主体的に授業を行う大チャンス！苦労してプリントをたくさんつくって置いていくなんて、それこそ「もったいな〜い！」です。

これまで、様々なところで「子どもファーストの授業」をすることの大切さについてお伝えしてきました。

たとえ時間内に本時の目標まで辿り着けなかったとしても、寄り道・回り道・迷い道の泥臭い過程の中で育つ追究力や学び合う楽しさの感受は、それを上回る価値をもつものと思います。

少なくとも、「この教材は、この学習問題は、とことん子どもファーストの授業を通して追究させる価値がある！」と判断したものについては、普段から思い切って子どもたちに授業を解放してみませんか？

大らかな気持ちで見守り、子どもたちの寄り道・回り道を楽しみましょう。

自分たちの学びは自分たちの権利なのだという自負を育みましょう。

教師の一番大事な仕事は、教えることではなく自立の芽を引き出すことです。

第2章を受けて　宇野弘恵

忘れられない鈴木学級の授業記録

鈴木学級の授業DVDを拝見したことがあります。6年生の国語『川とノリオ』の最後の場面。子どもの手を引き、白い日傘をさす女の人が遠くなる場面です。話題の中心は、日傘をさす親子をノリオはどんな気持ちで見ていたかでした。

この部分は、

> 白い日がさがチカチカゆれて、子どもの手を引いた女の人が、葉桜の間を遠くなった。

と、ただ一文あるだけ。それ以外、この親子に関する表記はありません。親子に対するノリオの気持ちの直接表記もありませんが、その前後に母ちゃんやぎを呼ぶような、やぎっ子の声。
ノリオは、かまをまた使い出す。
サクッ、サクッ、サクッ、母ちゃん帰れ。
サクッ、サクッ、サクッ、母ちゃん帰れよう。

と、「母ちゃん」に関わる表記があります。子どもたちは、日傘をさす親子へのノリオの気持ちを、この部分を中心に読み取っていました。

子どもたちの話し合いは、72頁にあるように、「悲しい」なんて一言では終わりません。一言で終わらないどころか、いつまでたっても終わらないのです。一人が話せばそれに続いてもう一人、それに触発された子が次にと、本当に次々とノリオの気持ちを語っていくのです。自分の経験に照らし合わせて語る子、もし自分だったらと語る子、それぞれが自分の体を通して語っているのです。おそらくクラスの全員がそれぞれの思いを語っていたのだと思います。時に涙ぐみ、時に嗚咽を漏らしながら、一人、また一人、と。

この授業記録を、私は夏休みの職員室で視聴していました。子どもたちの熱い語りに涙を禁じ得ませんでした。そばで見ていた同僚が、心配して声をかけるほど、私は泣いてしまっていました。

その一方で、私の中には「この子たちを揺り動かすものはいったい何だろう」「この子たちに、ここまで考えさせるものは何だろう」という疑問が湧いていました。どうしたらこんな授業になるのだろうと。

このとき、惠子先生はというと、教室の隅で黙って子どもたちのやり取りを聞いていらっしゃったと記憶しています。もう何年も前のことなので定かな記憶ではありませんが、授業の始まりに本時の課題を確認したのと、最後に学びのまとめ（まとめと言うと、語弊があります…）をされた以外は、教室の端っこで、ただただ子どもたちを見て涙ぐんだり、うなずいたりしているだけなのです。もしかしたら僅かな軌道修正はあったのかもしれませんが、教師がぐいぐいと引っ張る授業ではなかったことは確かです。

教材を読めなきゃ語れない

こう書くと、「昔は物語文の読み取りにたくさん時間を割いていたから」とか、「いわゆる子ども主体の授業ね。そんなの、今、やっているわよ」とか、「タブレットを使えば、そんな時間をかけなくてももっと効率よく意見交流できるわよ」という声が聞こえてきそうです。本当でしょうか。では、こうした声について考察するために、もう少し教材をみてみましょう。

> 白い日がさがチカチカゆれて、子どもの手を引いた女の人が、葉桜の間を遠くなった。

さて、この一文から読み取れることは何でしょう？　試しに箇条書きで書き出してみましょう。できれば、なぜそう言えるのかという根拠も書いてみましょう。国語は言語を扱う教科なので、想像や生活経験だけで語ってはダメ。文や語に即して考えることはご承知ですね。では、どうぞ。

白い日がさ

・白は平和の象徴色。つまり、白い日傘をさしているということは、この女の人と子どもは平和な世界にいるということ。また、標的になると戦時中は持てなかった白い傘を持てる平和な時代になったという象徴でもある。

・日傘をさすのは、当時、裕福で優雅な女性にしかできなかったこと。つまりこの女性はお金や生活への心配がないということ。一緒にいる子どもも同様。

白い日がさがチラチラゆれて

・日がさがチラチラ揺れるのは、日傘に当たる日の加減が変わるから。なぜ、日の加減が変わるのかというと、女の人が日傘を揺らしているから。なぜ日傘を揺らしているかというと、女の人は子どもの手を引いているので背丈のちがいで自ずと手を引いている側の肩が下がってしまうから自ずと揺れる。あるいは、子どもと話をしながら歩いているので、その都度肩が傾いて自ずと揺れる。

・「チラチラゆれる」という表記から2人がリズミカルに歩く姿を彷彿し、楽しそうな様子が浮かぶ。

子どもの手を引いた女の人

・「親子」とは書かれていない。ここでは親子であるとは断定できない。

・「手をつなぐ」ではなく「手を引く」という表現から、子どもは幼いこと、女の人に導かれている、つまり守られているということが言える。

葉桜の間を遠くなった

・葉桜は桜の花が散り始めてから新芽が出るまでのことを指す。舞台が広島であるから、概ね4月ごろと想像できる。

・桜の花は薄ピンク。夢のようなふわふわとした印象をもつ色。葉桜には緑も混ざっ

ていることから、夢のようであり現実のようであり、その狭間を親子が行くという
イメージが喚起される。

ゆれて～遠くなった

・「ゆれて」の「て」は、ある叙述からある叙述へと移るときの橋渡しとして用いる
繋ぎの語（『基礎日本語辞典』森田良行著　角川学芸出版　平成19年11月　12版
P．752）。

・「なった」は「なる」の完了形。「なる」は、それまでとは違う物・状態・状況に代
わること（『ベネッセ　表現読解　国語辞典』株式会社ベネッセコーポレーション
2008年4月）。

・これは、ノリオ視点の文章であるから、ノリオは、白い日がさが揺れているのが目
に留まってから（つまり、女の人が子どもと手を繋いで楽しそうに歩いているのが
見えてから）、二人の姿が葉桜の間に遠くなるまでずっと見続けていたということ。

私の読みが正解というわけではありませんが、概ねこのようなことは確定できるのではないかと思います。文や語を手掛かりにすれば、文脈から次のように読みを膨らませることができます。

ノリオはなぜ、日がさをさして子どもの手を引く女の人をずっと見ていたのか。直前に、やぎっ子の泣き声を「母ちゃんを呼ぶような」と評していることから、ノリオは母ちゃんを恋しいと思っていることがわかる。だから、女の人と子どもを「お母さんと子ども」「親子」と思ったのではないか。

母ちゃんのいない独りぼっちの自分、子どもなのに働かなくてはならない自分と比べ、幸せそうに楽しそうに歩く親子を見て、ノリオは猛烈にうらやましくなった。母ちゃんを思い出して悲しくなった。どうして自分には母ちゃんがいないのだよぉという気持ちになった。でも、どんなに嘆き悲しんでも母ちゃんが帰らないことをノリオはわかっている。夢のような葉桜の中に消えていった二人のように、現実にもう母ちゃんが帰って来ることはないことをわかっている。わかっているのに、目の前に現実を突きつけられるから、猛烈に母ちゃんに会いたくなる。わかっているけど、わかっているけど、帰ってきてほしい。その思いは、「母ちゃん帰れ」「母ちゃん帰れよう」というノリオの心の叫びに現れている。

おそらく、鈴木学級の子たちも、文や語を手掛かりにこうした読みをしていたのではないかと想像します。「貧しい」「孤独」「リッチ」「グレイな世界」などという72頁の記述からも、勝手な想像(妄想ともいう)からではなく、語や文、文脈を根拠に思考したことが語られているからです。

現行の学習指導要領では、この時代のような詳細な読みはなくなりました。かつて十数時間かけていたこの教材も、今では7時間で学習することになっています。当然ながら、授業も学びの姿も大きく変わっています。ですから、鈴木学級のような授業を再現することは難しいかもしれません。

しかし、この教材で何を学ばせるか、そのためにどんな指導が必要か、どんな学習形態がふさわしいかという教材研究が授業の根幹にあることに変わりはありません。

学習目標を達成させるには、あるいは、必要な学力を形成するには、どの文、どの語、どの文脈に着目させる必要があるか。そのためには、どんな発問や活動が要るか。こうした教材研究なくして、子どもが真剣になってのめり込む授業は絶対につくることはできません。学ぶことが楽しいと夢中になり、放っておいても子どもたちがどんどん自由に学んでいく授業の根っこには、教師が考えに考え抜いた思考の枠が存在するのです。あのDVDの中で惠子先生がただただ涙ぐみうなずいていたのは、教材研究し尽くした先に子どもたちに委ねた姿なのです。

「話すこと」「聞くこと」は単なるスキルではない

鈴木学級の授業を語るにあたって外してはいけないもう一つの視点があります。それは「話すこと、聞くこと」です。69～70頁で惠子先生も触れられていますが、かのDVDの中では、惠子先生だけではなく子どもたちもが自分を表現することと友達の話に耳を傾けることを大事にする姿がありました。

これも記憶が定かではないのですが、鈴木学級は自由発言で授業が進んでいたと思います。誰かが話し始めたらみんなはその人を見る、話し終えたら次に話したい人が話すという繰り返しだったと思います。

教師の主導なしに発言する授業を「子ども主体で素晴らしい」「よく躾けられている」だなんて評されることがあります。こうした称賛をする多くの人の関心は、どうしたら整然とした自由発言をさせることができるかという方法です。その方法を自分の学級でも行えば鈴木学級のような教室になると思っているのでしょう。

もちろん、惠子先生もどうしたら上手に自由発言ができるかという方法は教えているると思います。話すときの声の大きさや目線、聞き方なども、きっとご指導なさったに違いありません。ただ、誰もが自分の考えをもち、言いたいことを自分の言葉で表現できる、誰が話しても同じようにじっと耳を傾けることができる、譲り合いながら自由発言が進むということは、スキルを授けただけではできるようにはなりません。

1章で記したように、鈴木学級の根底にあるのは自他尊敬自他尊重です。自分の考えをもつことや自分の言葉で話すことは、自己尊敬自己尊重です。自分はどう考えそれをどう伝えるのかは、自分が唯一無二の存在であることを意識しながら自分理解を深めることです。他の何者でもない自分を蔑ろにせず、大事にすることです。

他者の話に耳を傾けることは、他者尊敬と他者尊重です。他者が何を考え、何を伝えたいかに耳を傾けるには、まずは他者という存在を認め、受け入れることが必要です。耳を傾けるとは、他者が何を言うのだろう、どうしてそう言うのだろうと他者の思考に心を傾けることです。

鈴木学級の根底には、徹底的に自他を大事にし合うことがあるから話せるのです。聞けるのです。互いに譲り合いながら発言できるのです。自他が大事な存在だから嗤ったり非難したりせず、とことん耳を傾けることができるのです。互いに聞き合えるから思考が深まるのです。思考が深まるからさらに考えたくなり、語り合いたくなるのです。

「タブレットの方がもっと効率よく交流ができる」というのはその通りかもしれません。しかし、その効率のよい交流の先には何が育つのでしょうか。これは、タブレットに限らず、すべての活動や方法において言えることです。便利だから、見栄えがよいから、効率的だからではなく、子どもの何を育てたいからか、どんな学力を形成したいからかというものがなければ、心も学力も育てることはできません。

どんな時代になっても、授業を通して人間形成をしているという根本は変わらないはずです。「コスパ」「タイパ」が重視される今だからこそ、鈴木学級の授業の根底にあるものに目を向けてみてはいかがでしょうか。

第3章

行事で心を育てる

自治の力を育てる

行事は、子どもたちの所属意識や自治の力を育てるかけがえのない場だと思います。当時、私が勤務する学校には、体育委員会の子どもたちが主催する長縄集会という児童会行事がありました。

普段、石灰の補充やライン引きなど縁の下の力持ち的仕事がメインの体育委員会の子どもたちが、全校児童の前に立ってがぜん輝き、存在感を示す絶好の場になっていました。

学級ごとの対抗戦で、5分間で何回長縄を跳び続けることができるかを競い合います。毎月1回、昼休みに、全校で盛り上がる行事になっていました。

「毎月1回ある」というのが味噌です。毎月あることによって、子どもたちが失敗から学び、やり直すチャンスを得ることが可能です（前述の「福祉施設訪問」と同じ…体験活動も行事も「やり直すチャンス」があることは、子どもの学びにとってとても重要です)。
「たかが昼休みの遊びの延長じゃん」と、子ども任せにして、このような小さな行事にあまり関心を示さないのは、とってももったいないことです。

やるからには、優勝めざして精一杯取り組ませる。結果は1番でもビリでもいいのですが、そこまでの過程が精一杯でないと、何も生まれない…子どもに学びはありません。

「一生懸命が一番素敵♡」……歌声づくりと同様、行事においてもそれが私の口癖でした。

長縄は全員が心を一つにして、集中しないと続きません。だから価値があるのです。にもかかわらず、この学級は、4月5月と、長縄をめぐってなかなかまとまれない状況が続きました。

「一生懸命やって優勝したい！」と願う志の高い子どもたちと、「勝っても負けてもどうでもいいや」と思っている子どもたちの温度差が大きくて、なかなか記録が伸びないのです。

休み時間に練習が計画されていても、「ドッチボールにかえようぜ」と勝手なことを言う子がいたり、リーダーが声をかけても、ダラダラしてすぐに外へ出ない子がいたり…。

運動会や体育祭前の学級の、「あるある」と同じですね。

そんな状況に絶望したえりこさんが、帰りの会で爆発しました。

「私は今の4の2のみんなを見ていると自信がなくなってくるんだよ。私は今回はやる気のある人たちだけでがんばって出たいと思う。やる気のない人たちに『いいな。がんばると楽しそうだな。次は私も入りたいな』って絶対思わせたいと思う」と帰りの会で泣いて訴えたのです。

えりこさんの発言に勇気をもらい、いつも真っ先に運動場へ飛び出して練習をリードしてきた子どもたちも立ち上がりました。

あいこさんは言います。

「みんなは真剣なのに、太田君や今西君はいつもいつもふざけて、おちゃらけて跳ぶからつっかかるんだよ。何度も何度も注意してもやめないから、情けなくなっちゃうんだよ」

青野君も同調します。「ぼくはいつも、みんなを盛り上げようと思って声がかれるまで数えるんだよ。でも数えてくれない人を見ると、あ〜、やる気がないんだなってがっかりしちゃうんだよ。今日だって、松村君と石田君がおしゃべりしながら遅れてやってきて、あやまりもしないで途中から入って、つっかえたでしょ。そういう人がいるとみんなのリズムが狂っちゃうんだよ。

その後ろから黒木君も遅れてきたけど、前の二人に比べればまだいい人だったよ。だって、走ってきたから。（子どもってよく見ていますよね。）ぼくもやる気のある人だけでやりたいです」

……「やる気がない人」と名指しされた子たちは大慌てで、一生懸命謝りました。でも話し合いの末、子どもたちが出した結論は、「やる気のない人は出なくていい。今まで一生懸命やってきた人だけで出よう！」という厳しいものでした…。

皆さんだったらこんなときどうされますか？

長縄集会にクラスの一部の子だけで参加するなんて前代未聞です。まわりにそんなクラスは一つもありません。

さあ、どうしましょう?

子どもたちの「納得」を大事にする

担任としては、「全員で出なくては参加する意味はないよ。みんな反省していることだし、今日からまたみんなで仕切り直したらどう?」と、割って入り、取り成すのが常識的だったのかもしれません。

でも、そのときの私はそうしませんでした。

チャラチャラといつもふざけて、本気になれなくて、信用を失いかけている子どもたちが変われるための、これはチャンスなんだ……いつまでも低学年の感覚のまま自己中心的な生き方をしている、集団意識の低い子どもたちに、しっかりと4年生への階段を上らせるチャンスにしよう! と担任としての覚悟を決めたのです。

これが2か月前だったら、私もこんな決断はできなかったでしょう。でも4月、5月と、私と子どもたち一人ひとりとの間の信頼関係は確実に深めてきている…子ども同士の関係性も深まってきている……あの子もこの子も、やんちゃだけれどもちゃんと通じるはずだ……学級全体のこの雰囲気も、決して「排除」ではなく、まとまりたいという強い願いからくるものなんだ！　という子どもたちへの信頼があったから、できた決断です。安易にしていい決断ではなかったと思っています。

もちろん、全員で出れないのは担任として残念だし、管理職はどう思うかな？　出れない子の保護者はどう思うかな？　と、弱気になったりもしました。でも、長い目で見たら、学級にとっても一人ひとりにとっても、これは通らなければならない道だと判断しました。

今までも帰りの会で小さな不満が出ることはしょっちゅうありました。でも、そのたびに「はい、これから真面目にやります」という心のない反省の言葉が空しく響くだけの、そんな話し合いしかできない子どもたちでした。

だから今、本気で怒り、本気で相手の心に問いをぶつけている子どもたちの意志や真剣さを無駄にしたくなかったのです。ここで担任が「まあまあまあ…」なんてものわかりのいい大人になってしまうと、こういう子たちの本気を潰してしまうのです。日頃から「自己決定が大事です」なんて言っている担任の言葉が嘘っぱちになってしまいます。

大人の逃げやきれいごとや事なかれ主義は、本気の子どもたちをがっかりさせ、失望させ、無気力を生みます。

事実、みんなから「やる気のない人」と言われ、「集会に出れない」という、思いもよらない立場に追い込まれた子どもたちは、ここで初めて深刻に自分の行動を見つめ直すチャンスに恵まれたんですね。これこそが大事な勉強です。

「出れないことになった子どもたち」が、家に帰ってからこぞって真剣に考えたことが、この日の日記から伝わってきました。

2つ紹介します。

松村君の日記から

みんなに信用されていたいのですが、自分が今まで本気でできなかったのだから仕方ありません。自分は今「やる気のない人」といわれているんだと思うと悲しくて、やっぱりどう考えても、みんなの仲間に入りたいと思う。せめてみんなのために、精一杯応援をしてあげたいです。ぼくも自分なりに考えています。次は絶対に仲間に入ります。

田部さんの日記から

確かに私は、教室を出るときも靴箱で靴を履くときもダラダラしてるんだよ。「え～長縄かあ……」ってつぶやいちゃうこともあるんだよ。でもそれがそんなに、やる気のある人たちを傷つけたり怒らせたりしていたなんて知りませんでした。私はあいこさんや青野君たちに負けない自分に絶対なります。

……みんな日記を書きながら、真剣に自問自答しているんですね。「自問する力」…とても大事です。

本気で関わってくれる仲間がいるから、「相手の目に映る自分」を知ることができます。自分を客観視できるようになります。社会性はそうやって磨かれていくものではないでしょうか。

仲間とのかかわりは、優しさや温かさといった側面だけではなく、時にはこんなふうに厳しく問い合える、切磋琢磨し合えるものでありたいと思います。

こんなふうに一人ひとりが真剣に考えたおかげで、翌日からの練習は見違えるようにまとまりのあるものに変わりました。

「集会に出れない」ことになった子たちが「出れる」子たちと同じように急いで運動場へ出て、大声で応援したり数えたり、記録が伸びると一緒になって喜んだりしているんです。

みんなに責められたからと言って、いつまでもイジイジしたり恨んだり対立したりせず、このような形で自分もクラスの一員であることを示そうと決めた子どもたちの清々しさを、私は心から喜び、価値づけました。

太田君は、長縄集会の前の晩は興奮してほとんど眠れなかったそうです。

澤口君は、当日は緊張して給食がぜんぜん喉を通らなかったといいます。

佐竹君は、本番直前に、燃えすぎて鼻血が出てしまいました。

…それくらい子どもたち、本気なんです。それが大事なのです。

あいにく当日は、私は出張だったのですが、子どもたちは教室を出るとき、参加する人もしない人も一緒になって円陣を組んで、「今度こそ優勝するぞー!」と雄叫びを上げたんだそうです。

この日の日記には、「参加できなかった友達」のことがたくさん書かれていました。「参加した子どもたち」も決してそれでよかったと思っているわけではなく、参加できない子どもたちの痛みも十分に感じながら、彼らを気にかけていたんですね。

近藤君の日記から

出れなかったゆうた君は大きな声で数えて勇気づけてくれたし、まなみさんは手を合わせてずっと祈っていてくれたし…出れない人も同じ気持ちで一緒にいてくれたことがすごくうれしかったです。

伊藤さんの日記から

結果発表で『一位、４年２組！』と言われた瞬間、みんな飛び上がって、泣いているのか笑っているのかわからないくしゃくしゃな顔して、出れなかった人たちもいっしょになってハイタッチして、ワーイ！イェーイ！　と叫び合いました。

阿井さんの日記から

ビックニュース！　なんとなんと、優勝したんだよ！　先生、賞状お楽しみにね！　先生、出張なんてしてる場合じゃないよ。みんなが早く帰ってきてほしいって！　私も今すぐ、大至急、帰ってきてほしいです。

かわいいでしょう？

行事によって一見分断したかのように見えた学級が、行事によって以前よりずっと強固な信頼で結ばれたのです。

まとまることの厳しさと楽しさと手ごたえを、十分に感じ合うことができた、価値ある6月の長縄集会でした。

こんなふうに、行事が一つ終わるたびに、個や学級を成長させていきたいのです。

そのために教師は、周囲の目を気にして体裁を取り繕ったり、大人の当たり前を押し付けたりするのでなく、子どもたちの納得や主体性を大事にします。

その中で一人ひとりの変容やドラマをしっかり見取り、価値づけることによって、出れた子も出れなかった子も、仲間の誰もがとても大切な、素敵な存在であることを行事の中で実感させていきます。

そうして培われた、「人への絶対的信頼」「人とがっちり繋がる力」は、今後、仲間と共にいくつもの「想定外の状況」を乗り越えていかなければならないであろう子どもたちにとって、心強い武器になると考えます。

優しさとは「想像力」「謙虚さ」

長縄を巡っては、子どもたちが本気になればなるほど問題にぶつかりました。

ある日、友美さんという女の子が、「もう長縄は嫌だ」とみんなに訴えたんです。「いつも私でつっかえちゃう。そのたんびに、みんなが怒っているように感じる。みんなに迷惑かけちゃうから嫌」と泣いて訴え、なんと午前中で早引きして帰ってしまいました。

そんな友美さんをどうしてあげたらいいのかわからなくて子どもたちも悩みます。

「友美さんは長縄が苦手だけど、4月のころに比べたらずいぶん上手になっているよ。こんなところであきらめちゃだめだよ。」とか

「友美さんのいけないところは、すぐに逃げようとするところだよ。自分をできないなんてきめつけちゃだめだよ。一緒にがんばろうよ。」とか…。

最初は友美さんに、上から目線で注文を付けていた子どもたちが、

「でも、みんなが『あ〜あ、』とため息つくたびに、友美さんは傷ついていたんだね。気づいてあげられなくてごめんね」と自分自身に目を向け始めます。

「私は友美さんの気持ちには気づいていたけど、友美さんにとって、厳しいのを乗り越えてうまくなるのがいいのか、うまくならなくても優しく見過ごしてもらった方がいいのかわからないの」と悩む子。

「ぼくは自分が跳べなくてみんなから『あ〜あ』って言われると悲しいのに、うまく跳べるようになると、そんなことはケロッと忘れて同じことを人にやるようになるんだよ」と、いつのまにか、みんな自分の弱さに目を向けていきます。

この後、昼休みに長縄の練習で新記録を出すんですが、そのときのことを広瀬君がこんなふうに日記に書いています。

今日昼休みに新記録が出たけど、何だかみんなで出した記録とも思いませんでした。友美さんが早引きしちゃったからです。ゆう子さんが『ねえみんな、この記録うれしい?』と聞きました。みんなは『ううん…』としょんぼり首を振りました。

教師がいないところで、子どもたちはこんな会話をしているんですね。

翌朝、友美さんが「夕べよく考えたけど、私はやっぱりみんなと一緒にがんばりたいと思いました」と言って登校してきたとき、子どもたちはニコニコしちゃって本当に幸せそうでした。

どの学級にも、様々な場面で友美さんみたいに、自信をなくしている子、疎外感を感じている子が必ずいるものです。

「長縄をやりたくない子」はいて当たり前なのです。

やりたくない子がダメな子ではないのです。

そういう「ひとり」がいたときに、全体でいかに寄り添っていくか…その子を大事にしていくか。大事にというのは表面だけの優しさではありません。

友美さんの悩みを理解しようとする「想像力」だったり、「友美さんの問題」なんだけど結局は「自分の問題」なんだと考えることができる「謙虚さ」だったり…。

そういう仲間がいて、そういう仲間と過ごす日々があって、友美さんはみんなの前で自分の痛みをさらけ出すことができるし、また、みんなの中に戻ってくることができるんですね。

行事は、子どもたちが育つことができる、こんなに素敵な場なのです。

がんばった集会

もう一つ、「がんばった集会」のお話をしてみようと思います。

どの学級にも「お楽しみ会」というのがありますよね。

私は根がケチで欲深いものですから、「お楽しみ会」にしっかり「意味」をもたせたくて、ネーミングも「がんばった集会」と変えていました。

1年の始まりに、「一人残らず全員が、本当にがんばった！　と思えたときには、自由に使える時間を45分あげるから、いつでも『がんばった集会』を開いていいよ」と宣言していたんです。

がんばった集会をやるタイミングも内容も、全部子どもたちが自由に決めることができる「自己申告制」です。

そんなことをしたら「お楽しみ会」だらけになってしまうんじゃないか？　と心配になるでしょう？

ところが、不思議なことに、「任される」と子どもってとても自分たちに厳しくなるんですよ。

だれかが、「最近みんなすごく集中力が出てきて授業像に近づいてきたから、がんばった集会を開きたいと思います」なんて言い出すんですが、「いや、まだまだなんじゃない？　ぼくはまだ発表をためらうことが多いから、もう少し待ってほしいです！」と待ったをかける子がいたり、「今月は長縄集会で優勝できたから、がんばった集会をやろう！」とけいちゃんが言い出しても、「優勝したけど、けいちゃんはいつもグランドに出るのがビリだもん、まだ実力を出し切ったとはいえないんじゃないの？」なんてダメ出しされたり……。

その代わり、全員一致で納得の「がんばった集会」が開かれたときにはそれは盛大で、喜びに満ち溢れ、だれもかれもが「がんばったこと」をスピーチしたがります（スピーチを入れろなんて私は言ってないんですよ。内容はすべて子どもたちに任せてあるんですから）。でも『始めの言葉』の子だけが何か言うなんてずるい。言いたい子には全員言わせろということになり、ふたを開けると大勢の子どもがスピーチすることになっちゃうんです。それだけで30分以上かかってしまうのに（笑）。

そこで子どもたちは知恵を絞ります。

先生からもらう時間を4時間目にして、給食の時間や昼休みまで含めて計画すれば110分取れるぞ！　と。

給食の時間には、牛乳で盛大に乾杯します。

学級だよりを読んで、日頃から子どもたちのがんばりを感じてくださっている保護者の方たちが、こっそり手づくりお菓子を差し入れてくださったりして、子どもたちは大喜びします。

わずかな時間も惜しいから、みんなで力を合わせて目にもとまらぬ速さで給食の後片付けをし、グランドへ第2部のレクレーションをしに飛び出していくんですね。

子どもたちは自分に厳しいので、「がんばった集会」が開かれるのはたいてい学期に1回でした。たまに2回やれたこともあったかな（笑）。

子どもたちのモチベーションや自治力を高め、成就感や達成感を感じ合ういい場になっていたなと思います。

ところで、子どもたちが「がんばった集会」を開けるほどの達成感を得るまでには、私もさりげなく様々な手を打ったり助け船を出したりしているのですが、子どもたちはスピーチの中で決して「先生のお陰で…」なんて言いません。

私は、「先生に言われてできた」のではなく、あくまでも「自分（たち）の意志と力で成し遂げた！」と感じさせることにこだわっていました。それが子どもたちの自信となり、自立や新たな挑戦へと繋がっていくからです。

そんな私の思いを知ってか知らずか、子どもたちはスピーチでいかに自分（たち）ががんばったかを誇らしげに述べ、「どうだ、先生まいったか！？」と胸を張るのです。

「へっへ～い！　まいりやした！　あっぱれあっぱれ！」といつも私が白旗を挙げるのが常でした。

「その他大勢」を育てる

行事についてはもう一つ、大事にしていたことがありました。

「その他大勢を育てる目線」です。

「その他大勢」を「その他大勢のまま」にしておいてはいけないと思っていました。

たとえば、「1年生を迎える会」……通常、主役は児童会委員の子どもたちでしょうか？ 企画立案、リハーサル、当日の進行……と数人の委員の子どもたちだけが忙しく準備に明け暮れ、当日は全校児童の前に立って集会をリードし、花形となります。

そんなとき、私はいつも、「その他大勢」…つまり、大多数の「委員ではない子どもたち」のことが気になります。その子たちの当事者意識の有無が気になるのです。

どうしたら全員にとって、この集会が意味ある場になるだろうか？ どうしたら全員をこの集会の主役・主体者にすることができるだろうか？

その思いを子どもたちみんなに投げかけます。教師からの思わぬ問題提起に、子どもたちもハッと我に返ります。

「ぼくたちは、委員任せではなく、当日の流れ（時系列）をしっかり頭に叩き込んで参加しなければいけないと思うんだよ。委員の人たちは体育館のステージ上で細かな指示ができないだろうから、フロアにいるぼくたちが下級生の間に入ってフォローしよう。そのためには、流れがちゃんとわかっていないと…」

「ステージの上からマイクで呼びかけられても1・2年生はうまく動けないかもしれないよ。やっぱり、スムーズに進行させるには、フロアにいる私たちの目配り気配りが必要だね。たとえば…」。……考えられる様々な場面を想定して、それぞれが自分にできることを考えます。

そんな話し合いをしっかりした後で開かれた集会本番では、「その他大勢の子どもたち」の素晴らしい活躍の姿をたくさん見取ることができました。

下級生の子どもたちに「しっ！　今は静かにするときだよ」「立つんだよ」「座って待っていようね」「ルールはね…」と、身を低くして小声で教えてあげていた子どもたち。

「風船割りゲーム」で全校生徒が風船を取りに殺到しそうになったときに、低学年を優先したり、一列に並べたりして、とてもいい判断でグループ内の混乱を防いでいた子どもたち。

自分もむきになって楽しんでしまいたい風船割りゲームだけど、低学年の風船は割らないように優しい心配りをしていた子どもたち。

終了後に、熱気が残った体育館に残り、主体的にゴミ拾いをしたり窓閉めをしたりしていたたくさんの子どもたち。…誰もが6年生として自分にできることを考え、主体的に実践し、主役になって集会を支えた素晴らしいフォロワーでした。

その顔には、6年生らしいプライドや、成し遂げた充実感が満ちていました。

立派に大役を果たした児童会委員の陰に、こんなにもたくさんの小さな心配りがあって集会が成り立っていたこと、6年生全員が集会の推進者であったことを、みんなで確認し合いました。そして、どんな行事も、どんな立場であれ、主体的に動くことで、充実感も満足感も喜びも格段にちがうことを実感し合うことができたのです。

これは6年生だけに通じることではありません。5年生は5年生なりに、どう6年生を支えるかを考えさせます。2年生は2年生なりに、どんなふうに1年生のお手本になろうかと考えさせます。中学年は中学年なりに、低学年のときの自分とはちがう縦割り集会の意味づけを考えさせることも効果的です。

「どんな自分でありたいのか」を常に意識させ、考えさせることにより、「やらされる行事」ではなく「自ら主体的に動く行事」にしていきます。

「その他大勢の子どもたちをこそ輝かせたい！　みんな主役にしたい！」という願いは、第2章の「授業」の冒頭で述べた「すべての子どもを授業の主役にしたい！」という願いとまったく同じです。

「一人ひとりをエースとして輝かせたい」と願うなら、学校生活のあらゆる場に、その思想を反映させていかなければなりません。

ここまで、1章～3章と分けてお話ししてきましたが、結局私は、ずっと同じことを言ってきた気がします。

心を動かして生きること。

仲間を大切にして生きること。

自分の人生の主人公になること。

日常も授業も行事も、一貫して大切にしてきたのはこの3つだったなと、改めて気づかせていただきました。

第3章を受けて　宇野弘恵

子どもに負荷がかかることはやめるべきだ

いつごろからでしょうか？　学校行事存続の是非について、個人の事情を理由として挙げるようになったのは。

というのも、「徒競走でビリ。大勢の前で恥をかいた。運動会、マジ要らん」「運動が苦手なのに、全員リレーの練習をしなくてはならないのは苦痛以外の何物でもない。やりたい人だけで運動会すればいいんじゃね？」といった行事廃止論が、あたかも「論」のようにSNSやワイドショーなどで取り上げられるのを散見するからです。

運動嫌いな子は昔もたくさんいました。運動が好きでも、競争が嫌いとかみんなで「一致団結」するのが嫌だとか、そういう子はたくさんいました。しかし、「運動が嫌いだから運動会なんてなくなればいいのに」という個人的思いはあっても、「私は運動が苦手で嫌な思いをしたから運動会はなくすべきだ！」という訴えは、かつてはなかったように思います。

行事の多くは、集団で取り組むものです。ですから、これまで、それが得意な子も苦手な子も好きな子も嫌いな子も意欲の高い子もそうでない子も、同じように取り組むことが「当然」とされてきました。それゆえに「一致団結」「協力」という名の同調圧力の中で、辛い思いをした経験がある人も少なくないと想像します。

個々の事情に鑑みず、誰もが同じ温度で取り組め！　と言われれば、そりゃあ苦しいです。そんな運動会なら無くてよい、無くすべきだ！　と訴えたくなるのも無理はありません。かつての「一致団結」という価値観の中に無理やり入れ込もうとしたことへの疑問や反発が、こうした訴えにつながっているのでしょう。「つべこべ言わずにみんなに合わせろ」的な時代から、より個性や多様性が大事にされる現代ですから、そうした訴えは至極当然と言えるのではないかと思います。

そうだとしても、こうした行事は本当に不要なのでしょうか。得意な子、好きな子、意欲の高い子だけが参加する選択参加にすればよいのでしょうか。不得手な子、嫌いな子、意欲がもてない子は参加しなくてもよいのでしょうか。もっと言うと、参加しない方がよい、参加する価値はない、参加することは弊害でしかないのでしょうか。

行事における「大成功」とは？

1年生を担任していたある年のことです。この年は季節外れのインフルエンザが流行し、学習発表会の前週に3日間の学年閉鎖となりました。

この週の月曜は、欠席多数で学年練習中止。しかも、私も発熱によりお休み（ちなみにインフルエンザではなかった！）。翌日の火曜日から3日間は学年閉鎖。閉鎖明けの金曜日は、もともと練習が計画されていなかった日。欠席がそれなりにいたことから金曜に練習を入れることもできず、休み時間等の練習ももちろんなし。練習再開は翌週の月曜日。学習発表会はその週の金曜日、という状況なわけでした。

ちなみに学習発表会では「おおきなかぶ」のアレンジ劇を行なうことになっていました。台本は本番の1か月前に配付済。学年閉鎖の2週間前に配付を終えていました。

しかし、配付しただけで全体練習はゼロ。閉鎖の前週の金曜日に1回読み合わせただけ。つまり、閉鎖に入る前に、ほぼほぼ何もしていなかったのです。

これを読まれた読者の方は、「無計画すぎる」「普通はもっと前もって練習をしておくものでは？」と批判的感想を抱かれたのではないでしょうか。直前のアクシデントを想定し、早い時期から少しずつ取り組むのが普通だろうと。

一応、自分の名誉のために補足しておきますと（笑）、

- 行事としての練習時間は8時間
- 「おおきなかぶ」は国語で学習しており、物語の大筋は全員の子どもが知っている

という前提の上で練習計画を立てていました。みんなが知っているお話だから、練習時間は直前の8時間で充分足りると判断。また、長期間に渡って練習を設定しても、集中できる時間が短い1年生は飽きてしまうだろうと考え、元々短期決戦でいこうと

決めていました。

それにしても、さすがにこのときは焦りました。何しろ、本番までの練習期間が、当日の本番前の練習も合わせて5日間しかないのですから。予定を変更して1日2時間の練習を組もうにも、1年生は飽きちゃってダメ。ほんとのほんとに、台本を通し読みをした1回プラス閉鎖明けの4時間練習で本番を迎えたのです。

みなさん、結果、どうだったと思いますか？　結果は……、大成功だったのです。

とはいえ、おそらくみなさんが想像しているような「大成功」ではありません。誰もがびしっと堂々と発表し、セリフを忘れることなく言え、台本通りに失敗なく劇が進む。子どもたちは一人残らず劇に集中し、一人残らず全力で一生懸命。演じている子たちも観客も楽しみ、感動する。練習の成果が如何なく発揮される。そんな「大成功」ではないのです。

元々、台本通りに演じさせようという考えは、私にはありませんでした。決められた自分の出番に決められた自分のセリフを間違わずに言うこと。教えられたように動き、教えられたように自分の役割をこなすこと。このことに一体どんな意味があるのか、どんな教育的価値があるのかと思っているからです。

練習期間が4日間しかないとなったときに、私は腹を括りました。ああ、子どもたちに委ねようと。そして、子どもたちに次のように指導しました。

・自分の出る順番は覚えること
・できればセリフも覚えること
・セリフ通りでなくてよいから、お話の流れに合いそうなことを考えて何か言うこと
・自分が話すときは、自分が主役。だから、見ている人に「今はこの子が主役なのだ」とわかるように話すこと。そのためにふさわしい声の大きさ、目線、立つ場所を心がけて演ずること
・「みんなで6年生を呼んでかぶが抜ける」というのがラストシーン。このラストシーンに向かってお話を進めること

集団で何かをするときには、自分にできることを精いっぱい行うことが大切です。

その集団やその場面において自分には何ができるか、自分がすべきことは何かと、自分の責任を全うしようとする姿勢がなくては、他人におんぶに抱っこになってしまいます。自分では何もしようとせず、人に依存し、人に責任を擦り付ける。そうではなく、自分にできることを自分で考えて行えということを教えます。これは、日常生活でもまったく同じではないでしょうか。

そう教えても誰もが同じようにできるとは限りません。何がその場に必要か判断できない子もいれば、咄嗟に気の利いたことが言えない子もいます。主役なのに小さな声でしか言えない子も、出番ごとすっかり忘れてしまう子だっています。こうした子たちは、「ダメな子」「できない子」「意欲の低い子」「不真面目な子」「非協力的な子」として捉えられ、批判されたり排除されたりします。あるいは、「もっとまじめにやれ」「何回言ったらわかるのだ」と叱責され、「ちゃんと」参加することを強要されます。

しかし、その子が「ちゃんと」参加したことで、何を得られるというのでしょう。その子の何が育つというのでしょう。周りの子のどんな心が育まれるというのでしょう。

教師が「ちゃんとしなさい」と批判し、叱責するのは簡単です。でも、その姿を見て、周りの子は「あの子はダメな子」「あの子は叱られて当然な子」という見方を学んでしまいます。ダメなやつは責めてよいのだ、できないやつには尊厳をもって接しなくてもよいのだということを学んでしまうのです。教師が口では「みんな大事」とか「がんばればそれでよい」とか言いながら、見栄えのよい舞台を志向し、そのためにできない子を叱責し教師の望む姿に無理やり引き上げる。そんな「大成功」を求めるから、苦手だから行事なんかやめろという論調が起きるのです。

「できない子」「やらない子」はどうするのか?

では、できない子やセリフを覚えられない子はどうすればよいのでしょう。そのままでよいのでしょうか。劇がまったく進まなくてもよしとすべきなのでしょうか。仕方ないと諦めて教師が教えてやったり、一緒に言ってやったりすればよいのでしょうか。

私は、子どもたちに次のことを話しました。

○自分が主役ではないときは、あなたは脇役。主役は、あなたではない他の誰かということを意識する。脇役の役割とは、そのとき主役の人が最も輝けるようにする

・たとえば、主役がセリフを言うとき、脇役がしゃべったり動いたりしていたら主役は目立たなくなる

・たとえば、主役がセリフを忘れてしまったとき。陰でこそこそ教えては、観客に「この子はセリフを忘れたのだな」とわかってしまう。主役を悪目立ちさせてしまう。だから、「もしかして、○○って言おうとしたでしょう?」とセリフとして投げかければ、主役は自分のセリフを思い出して言えるかもしれない。そういう手助けをするのが脇役の役目

・たとえば、主役の声が小さくて聞こえなかったときそのまま劇が流れてしまえば、

主役は輝けない。だから、一緒にセリフを復唱したり引用して呼びかけたりすれば、主役にスポットを当てることができる

・たとえば、主役がセリフを間違えたとき。それを突っ込んだり、お笑いに変えたりすれば観客には気づかれない。主役を悪目立ちさせずに劇がスムーズに進む方法を考えよ

○実生活もこれと同じ。

・たとえば、教室の床に牛乳がこぼれていたとき。普通はそれに気づけば拭く。それはなぜか？　あなたが、「牛乳がこぼれていたら拭く係」だからか？　否、拭いた方がよい、拭くべきだとあなたが判断したから拭くのではないか

・たとえば、友達が泣いているとき。普通は「どうしたの？」と声をかける。どうしてか？　あなたが「友達が困っていたら声を掛ける当番」だからですか？　否、友達が心配だ、どうにかしてあげたいとあなたが思ったから声をかけるのではないか？

少し難しい話ですが、1年生でもちゃんと理解することができます。しかし、理解

はできても、すぐにできるようになるわけではありません。できるようになるには経験が必要です。そのためにまず、舞台という特別な場でどうすればよいかを具体的に見せ、価値づけしていきます。劇が止まってしまったら、自分にできたことは何かを考えさせアイデアを話し合わせることも必要です。こうした繰り返しを経て少しずつ腹落ちし、本当の意味で「わかる」ようになり、できるようになっていくのです。

では、これができれば行事指導が成功かというとそうではありません。大事なことは、舞台上でそれができることではありません。学んだことが日常に活きてこそなのです。舞台で学んだことがどういう意味をもち、日常とどう繋がっているかを子どもの中に落とし込むことが教師の役割であり、これこそが行事指導の目的と言っても過言ではないと思います。

たとえば、舞台で誰かがセリフを言っているのに平気でおしゃべりするのは、他者を尊敬・尊重していないのと同じです。セリフを忘れて困っているのに何もしないのは、日常生活で問題が起きても知らんふりしているのと同じです。目の前でいじめが行われていても傍観するのと同じことです。目の前の問題に気づき、見て見ぬふりをせず、自分にできることをする。人任せにせず、自分で考えた方法で問題解決をしていく。それは、台本も配役もセリフもない日常生活でも同じことではないでしょうか。練習したことをうまく発表できるようにするのが行事指導ではありません。日常で培ったことを舞台で表現できるようにするのが行事指導です。そして、舞台でつけた力を日常に還元し日々の生活を豊かにしていくということが、「行事と日常は地続き」「行事と日常の往還」ということではないかと思います。

「行事」を通して育てたいものは何だ？

アドリブだらけだけれど、どうにかこうにかラストシーンに辿り着けるようになって迎えた学習発表会当日。

蓋を開けてみると、ほぼほぼ台本通り。練習では、あちこちのセリフが丸々ぶっ飛んだり、アドリブで本筋から逸れまくったりの連続で、一度たりとも台本通りに進んだことなどなかったのに。子どもたちはこの出来に大満足のようで、エンディングの「にじ」をそれはそれは楽しそうにうれしそうに熱唱していました。これには、担任一同みんなで笑っちゃいました。

それにしても不思議です。なぜ台本通りに進んだのでしょう。いえ、よくよく考えてみると、台本通りではありません。子どもたちは、台本通りのセリフも言いつつ、さりげないアドリブで劇を滞りなく進行させていましたから。

ある子は、セリフを言えない子にセリフが言えるように誘導していました。またある子は、劇が止まりそうになったときに台本にないセリフで繋いでいました。ある子は、セリフではなく動きで場を繋ごうとしていました。待ち時間におしゃべりしないぞとがんばっていた子もいたし、緊張で涙を流しながらセリフを言っていた子もいました。自分の責任を果たすという意識。みんなで力を合わせて劇をつくろうという意識。自分にできることをがんばる。他者ができないことはカバーするという意識。つまりは、一人ひとりの一生懸命の先に生まれた「大成功」「大満足」だったのです。

こうして振り返ってみると、不遜ながら「そこまでの過程が精いっぱいでないと、何も生まれない（105頁）」という惠子先生のお言葉と自分の実践が重なりました。行事は行事指導だけでは完結せず、本番で見える姿の下には、日常の指導が幾重にもなっているという惠子先生のお考えの通りと思いました。

また、「自他を尊敬尊重する」という惠子先生のご信条とも通底します。行事を通して他者との関係性を考えさせること、集団の中の自分について俯瞰させること、徹底的に自問させることとは、自分が唯一無二の存在であると自覚させるとともに、他者との関係性の中でどう生きるかを問うていること。それは、「行事」「学校」という世界に留まらず、社会で生きていく上で必要な視点だと思います。

生きていれば、理不尽な目に遭うものです。思い通りにいかず悔しい思いをするものです。泣いても騒いでもどうにもならない、どうすることもできないことに出遭う。それが「生きる」ということです。だから、「生きるってつらい」のではありません。「人生って面倒くさい」のでもありません。つらくて面倒ならば、自分で変えるしかないのです。自分の言動や思考を変え、理不尽なことや思い通りにならないことを愉しむ。愉しむとまではいかなくとも、「ま、悪くないよね」と思えるように自分が変えるしかないのです。

そのためには、自分で考えて動く。でも、自分だけの考えで動けば他者を阻害したり傷つけてしまったりするかもしれない。「自分が、自分が」という我欲だけではダメ。「自分がこうしたい」先にいる他者の気持ちはどうだろう？　自分が動くことによって、他者は幸せになれるだろうか。そんな自尊意識と他尊意識が同時になくてはならないと、惠子先生はおっしゃっているのだと思います。

行事とは、こうしたことを考え経験する場。この思いは、おそらく惠子先生も同じでいらっしゃると……憚りながら……思います。

追記
「自分が主役のときは精いっぱい自分が輝くように」「自分が脇役のときは主役である他者が精いっぱい輝くように」という一連の指導は、元長野県小学校教師で在られた、平田治先生からの学びです。私の教育観や実践の根本に平田先生の教えやご論考があることを追記させていただきます。

第4章

子どもが変わる
―教師の想いが溢れる「学級通信」から―

子どもは力づくで変わるものではない

これまで様々な地域の皆様と出会わせていただく中で、ご質問をいただく機会もたくさんありました。一番多かったのは次の2点でしょうか？

- クラスにこんな子どもがいて困っています。どうしたら変えることができるでしょうか？　そもそも本当に、子どもはどの子も変わるものでしょうか？
- 批判的な保護者へはどう対応したらいいでしょう。

きっと現実問題として、先生方を一番悩ませている問題なのでしょうね。

これらに対し、これまで私はしっかりとお答えしてこれなかったなあと申し訳なく思っています。

その子どものことも保護者のことも学級のことも何も知らない、深く心を通わせたことのない私が、一般論で何か言うのはとても無責任な気がしていたからです。

私がいつも皆さんに、「答えは目の前の子どもたちの中にありますよ」とお伝えしているのは、「愛情や願いをもって毎日その子を見、その子に接し、その子との信頼関係を育んでいるあなたにしか答えはわからないのですよ」と思っているからです。

私は基本、「人の性格や考え方は、他人によって、理屈や力づくで変えることなどできない」と思っています。

そのことをお伝えしたくて、いつもイソップ物語「北風と太陽」のお話をさせていただきます。

北風は、力いっぱい強風を吹き付けて、旅人のマントを吹き飛ばそうとしますが、旅人は寒さに震えて、益々しっかりとマントを押さえます。

太陽が暖かな日差しを燦燦と降り注ぐと、旅人は暑くなって自らマントを脱ぎました。

子どもが変わるとしたら、それはその子の心が動いたとき。「先生が変える」のではなく、「子ども自身が変わりたい」と思って変わっていくしかないのです。

批判的な保護者には、正論や善悪を並べて説得するのではなく、先生がどれだけその子を可愛く、大切に思っているかを感じ取っていただくしかないのです。

そしてどちらも、たった1回何かを言ったから、何かをしたから、ある日突然「変わる」「理解される」というものではなく、日々、子どもたちとの授業やドラマを丁寧に紡いでいく中で様々なことが有機的に繋がり合って「信頼・変容・成長」へと結実していくものだと思っています。

その意味で、私にとって、子どもや保護者と繋がる大切なツールになっていたのが「学級だより」と「日記」でした。

「学級だより」と「日記」が、固く閉ざした子どもの心の扉をノックしたり、子どもを愛しく思う気持ちやその成長に携わる喜びを保護者の皆さんと共有したりする場になっていました。

「学級だより」と言うとまた熱心な皆さんから、「発行回数は？　枚数は？　内容は？

書くに当たって気をつけなければならないことは?……」などと矢継ぎ早に質問されて、私はおろおろしてしまうのですが…(笑)。

発行回数が決まっていたわけでもなく(書きたいときには連続して書くときもあれば、忙しいときには2~3週間空いてしまうこともあり…)、自分を縛ることなく、自分に負担を強いることなく、とても気軽に発行していました。

「書きたいとき」というのは、子どもたちの姿に私が感動して、子どもや保護者にその感動を伝えたい! 共有したい! という思いに駆られたときでしたから、どんなに疲れて帰っても「書くこと」が楽しかったのです。

むずがる我が子を膝の上でよしよしと寝かしつけながら、眠い目をこすりこすり書くので、誤字脱字だらけだったりしました(今のようにパソコンが普及していなかったので手書きだったのです)が、保護者も子どもも担任のそんなダメダメには目をつむり、その内容を心待ちにしていてくれました。

しばらくさぼっていると、「先生、このごろお便りが出ないねえ」と子どもから催促されたり、「うちの子はだらしないから、お便りをどこかへ落としてきちゃったんじゃないかと心配になって…」なんて問い合わせてくる保護者がいらしたり……。

「いやいやずっと私がさぼっていました。ごめんなさい」と笑ってお返事しながら、でも書きたいときにはB4サイズ2枚に及んでしまうほど書きたいことが溢れてしまったり…それほど気まぐれな、ゆる～い、何ものにも縛られないお便りでした。

子どもたちは、お便りを配るとその場で貪るように読むようになります。そこに書かれた素敵な自分たちのドラマを一緒に確認したいのでしょうね。

保護者は、お便りが届くと、だんだんおじいちゃんやおばあちゃんにまで回し読みしてくださるようになり、気がつくと、家族のみんなで子どもたちのよき理解者、応援者になってくれていました。おうちの方々だって、子どもたちのドラマを知りたいのです。

さて、そんなドラマの数々を、ここでは6年生を担任したときの学級だより「ロックンロール」や「日記」から拾い集めてみたいと思います。

なぜ拾い集めるのかと言えば、先ほども言いましたように、「子どもが変わる」のは、たった一つの言葉やできごとによるのではなく、たくさんのできごとの積み重ねの中で変わっていくからです。

いっしょにドラマを辿りながら、そのことを皆さんにもお感じいただけたらうれしいです。

プライドを守り、リスペクトすること

さて、一つ目のエピソードの主役はまもる君です。

彼はとびきり大人しく、ものを言わない子どもでした。

「人前でものが言えない。無理に発言させようとすると泣いて固まってしまいます」と引き継がれました。

たしかに彼は、まるで自ら存在感を消しているかのように、いつもみんなの背中に隠れるようにしていました。

教科書を順番に丸読みしていくような何でもない場面でも、自分の番がくると固ま

ってしまって声が出ないのです。

しばらくすると、彼は読書家で、人一倍知識も能力もあり、感性の豊かな、ユーモアのセンスだってある、素敵な子なのだと、ノートや日記指導を通して知ることができました。

そんな本来の輝きを、安心してみんなに見せてほしいと願いました。……他者からの暗示はいつのまにか自己暗示になっていくものです。

「あなたには変われる力があるんだよ。あなたが素敵な子だと、先生はちゃあんと知っているよ」というプラスの暗示を、4月から呪文のようにかけ続けていたある日……。

学年集会のドッチボール大会が惜敗に終わり、私が教室へ戻ると、なんとまもる君が泣きじゃくっていました。

険悪な表情の数人の男子が彼を囲んで、「ドッチボールが苦手なくせに、なんで大事なときにボールを取ろうなんてしたんだよ？」

「最後にお前が当たらなければ同点優勝だったのに、弱いくせになんで逃げなかったんだ?」と詰め寄っています。

がんばって練習したのに、僅差で負けてしまったことが、悔しくて悔しくてたまらなかったのでしょうね。

こんなとき、教師は一人の大人として、その場にどう立ち合えばいいのでしょうか。このような場面で、教師が烈火のごとく怒らなければならない場合もあるでしょう。レフリーになって、正しいジャッジをするべき場合もあるでしょう。

どんな指導が正しいかなんてマニュアルはありません。そのときの状況や、目の前の子どもたちの実態によって、それは変わってくるのだと思います。

この事件の場合はどうでしょう?

責めた子をダメじゃないかと叱って、まもる君の悲しみを語って聞かせ、「ごめんなさい」を言わせればよかったのでしょうか?

いいえ、ごめんなさいを言わせても、まもる君の悲しみは癒えないだろう……、彼の自己否定と後悔が消えることはないだろう……、もう二度とドッチボールで前へ出ることも、日々の生活で変わろうとすることもなく、再び殻に閉じこもってしまうだろう……、事態は何も変わらないと、私は思いました。

一人の子が変わろうとしかけた、大事な大事なこのチャンスを逃してはならない！と思いました。

大人の仲介で発せられる口先だけの「ごめんなさい」は、相手の心を溶かす力をもたないことが多いのです。

これは、いじめの指導をするときにも、指導者が最も心しなければならないことです。「ごめんなさいを言ったからハイ！　もう仲直り！」なんて……それは大人の自己満足です。人の心はそんなに単純ではないのです。


この事件の一番の問題点は何でしょう？

一番の問題点は、周りが、まもる君に対して、「苦手なくせに」「弱いくせに」「お前」と、見下した言い方をしたことです。

常々、まもる君に対してそういう見方をしているということです。

まもる君の悲しみの根源は、そこにあるのです。

もしかしたら、長い間、彼が人前で口を閉ざしてきたのは、賢く感受性豊かな彼が、必死で自分のプライドを守ろうとしていたためかもしれません。

学級の中に巣食っているそんな人間関係、強者と弱者がいるそんな力関係こそを変えていかなければならないのです。

友達を見下し傷つけたことを心から後悔し、正しい目で尊敬をもってまもる君を見るようになるところまで子どもたちの意識をもっていかないと、学級の人間関係は何も改善しないのです。

私はこんなふうに子どもたちに語りかけました。

負けちゃってくやしかったよね。でもねえみんな、考えてみて！　まもる君が今日、ボールを取ろうとしたんだよ。

今までのまもる君は、みんなの後ろに隠れて逃げるばかりだったよね。ボールに手を出したことなんかなかったよね。

そんなまもる君が、こんな大きな場面で、相手のボールを取ろうと果敢に一歩前へ出たんだよ！　逃げようと背を向けて当たったのではなく、正面から堂々とボールに向かっていって当たったんだよ。

その勇気が、先生はすごくうれしかったなあ。

えっ！　まもる君が？　って目を見張っちゃった。ああ、まもる君は今殻を脱ぎ捨てたんだ！　まもる君が殻を脱ぎ捨てるあんな素敵な瞬間を、みんなと一緒に見ることができたんだ！　と思うと、うれしくてうれしくて、まもる君とハイタッチしたいくらいだよ。


担任の感動を、ただそのまま伝えたのです。

教師の一言で子どもは潰れもすれば生かされもします。

失敗して、みんなに責められて、いたたまれなかったであろう、まもる君のこわばった心を、「嬉しくて嬉しくて、ハイタッチしたいくらいだよ」という一言によっていっぺんに崩し、ふにゃっと懐に入れたのです。

その懐の中で、まもる君の傷ついた心が癒えていきます。「ボールを取ろうとした自分、あれでよかったんだ」という肯定感が立ち上がっていきます。

一方で、彼を責めていた周りに対しては「脱皮した瞬間のまもる君」に光を当てることによって、「変わろうとすることの素晴らしさ」という新しい価値観に目覚めさせていく…その感動を学級全体で共有することで、負けた現実を受け入れることができなくて、ケンケン尖っていた学級の空気を、柔らかく温かいものにかえてしまう…担任の言葉は、教室の空気を変える魔法の杖の一振りにもなるのです。

実際、一番腹を立ててまもる君を責めていた穂高君（彼は体は大きいし声はでかいし…スポーツ万能で発言力もある頼もしい子どもでしたが）が、この日の日記に、こんなことを書いてきました。

「先生の話を聞いて目の前が潤んできた。そうか、そうだな…と思った。前までは逃げるだけだったまもる君が、今日は取ろうとした。すごく変わったな。そう思ったとき、ぼくは自分が恥ずかしくなりました。まもる君、ごめん。何て言っていいかわからんけど、これからもみんなと一緒にがんばっていきたいです」

「まもる君ごめん」のこの「ごめん」は、教師から言わされた「ごめん」ではありません。彼自身の心の底から湧き上がってきた「ごめん」なのです。そして「何て言っていいかわからんけど…」、いつも強気な姿しか見せたことのない穂高君のこの戸惑いの表現に、穂高君に対してもまた愛しさがこみあげてきます。

一見弱弱しく見えていたノビタ君も、一見いばりん坊に見えていたジャイアンも、それぞれに愛しいのです。

ノビタ君の中にも、変わりたい！　と願う強い意志や、ボールに立ち向かっていく勇ましさが眠っていた…。

ジャイアンの中にも、自分を恥ずかしいと思うことができる柔らかな心が眠っていた……そこにみんなで気づくことが大事なんですね。

長所も弱点もひっくるめて、お互いのことをわかり合っていくと、なんだか教室の中がほっこりしてまあるくなっていくんです。

自分自身や周りの友達を「多面的に見る心」を育みます。

穂高君だけでなく、周りのみんなの心の内部へも、教師の言葉が深く浸透していったことを、子どもたちの日記から知ることができました。

「なるほどまもる君、変わったなあ…。負けちゃったけど、今日は素敵なものを得たんだ！」とみんな気づくことができたのです。

「負けた現実」を受け入れ、なんだかみんな素直になれてしまったんですね。

学級の中で不当な扱いを受けている子がいたら、たとえばこんなふうにして、さりげなく救い上げ、その尊厳を守っていきます。

まもる君はこのあと、さなぎが蝶へ生まれ変わるように、素晴らしい変身を遂げていきます。

尊厳を守る…誇りを守る…とても大事なことなんですよ。「安心・安全の土壌づくり」の基盤だと言っても過言ではありません。

サッカーワールドカップが終わった後のインタビューで、選手たちが森保監督のことをこんな風に語っていました。

「森保監督は、試合に、出ている選手に対しても、出ていない選手に対しても、常にリスペクトをもって接してくれる。だから、サブのメンバーも、プライドをもっている。自分がサブとは思っていない」

学校も同じです。

勉強や運動ができるできないに関わらず、声や体が大きい小さいに関わらず、すべての子どもが、自分のことをサブだなんて思わない…自分こそが主役だと、プライドをもって学級に存在することが何より大切なのです。

だから、ボールに当たってしまったまもる君の行為を、決して「失敗」という結論で終わらせない。

まもる君を責めた穂高君たちの行為に「いじめっこ」のレッテルを貼って終わらせない。

どちらの子どもも誇りをもって、学級全体が誇りをもって前を向き、明日を迎えることができるよう導くことが大切なのです。

どの子の中にも必ず眠っている誇りや意欲を引き出し、守ること……それさえしてあげれば、あとは子どもが自ら動き出します。

最初に、「指導に決まったマニュアルはない」というようなことを申し上げましたが、指導に当たって大切にしたいことはあります。

ここまでお読みくださって皆さんはもうとっくにお気づきのことと思いますが、一つは「その場だけの成りを直そうとするのではなく、目の前の現象だけを直そうとするのではなく、問題の根っこ、本質に目を向けること」であり、もう一つは「どんな言葉なら子どもの心に届くのか、どんな言葉なら子どもを変える力となりうるのかを考えること」です。

子どもの「こうなりたい！」を引き出す

実は、この年の学級づくりについてお話し出したら何時間あっても足りません。この学級は、前年度になぜか登校をしぶる子が3人も4人も出てしまって、保護者や担任を心配させた学級でした。

子どもたちはそのまま変わらず、6年生になって担任だけが変わりました。

昔は、学級編成は2年ごとというのが主流だったのです。

4月に、初めて子どもたちに出会ったときの第一印象は、「暗い！　息苦しい！」でした。

登校渋りが次々出てしまうのはこの息苦しさが原因だな、と瞬時に納得しました。教師である私でさえも息苦しい、重苦しいと感じる空気が、教室中に充満していたのです。たとえば、

・授業は、パワーのある数人の男子だけが活躍し、他の大多数はみんな俯き、息を殺

して座っていました。まるで一人ひとりが、自分の周りに厚いバリアを張っているようでした。

・指されると、仕方なくモゾモゾと立ちますが、誰も彼もが、抑揚のない、消え入りそうな声で話します。

・少しつまずくと「わからなくなりました」を安易に連発して座ってしまいます。

これまで、やんちゃで騒がしいクラスには何度も出会ってきましたが、正反対の「暗い」という実態から学級づくりをスタートさせるのは初めてのことでした。

「暗い」というのは、一人ひとりが自分を解放（開示）できずに心のシャッターを下ろしてしまっている証拠です。

「自分を閉ざす」というのは、何より、信頼関係や自己肯定感が低下している証拠です。でも、2週間もすると、こんな日記が書かれ始めるようになりました。

★さきさんの日記より

くやしくてもどかしくて自分で自分が嫌になる。発表しようとピピッときても、心の中で何かがブレーキをかける。「ちょっと待て！　うまく言えなかったら恥をかくぞ。みんなから何て思われるかわからない。」

かっこつけないで自分のすべてを出し切れる授業にしたい！

★ゆみこさんの日記より

みんな！　もっと心を込めて大きな声で歌を歌おうよ。朝の歌のとき、みんなすっごく嫌そうに下を向いてボソボソ歌ってるでしょ。音楽係の私はオルガンを弾いていて気持ちよくないんだよ。なんで声が出ないかっていうと、目立ちたくないからなんだよね。なんで目立ちたくないかっていうと、みんなの目が気になるから。みんなの視線が怖いからだよね。みんなでたっくさん遊んで、たっくさん話して、本当の友達にならなきゃなんだよね！

さきさんの日記にもゆみこさんの日記にも、「さすがさきさん！」「そんなふうに考えていたんだね！」「うれしいなあ！」「大丈夫！　きっと変わっていけるよ！」などと、共感の赤ペンをぎっしり入れて返します。

子どもたちの最高の応援者として、赤ペンで一人ひとりに寄り添います。

2人が4月18日の時点でこんな日記を書いているということは、始業式から2週間の間に私が一生懸命、熱く子どもたちに向けて語りかけたり問いかけたりしてきたことに、とても感化されているんだと思います。

4月にまずすべきことは、希望を語ること、希望を語り合うことだと思っています。「なんで発表しないの！」「何で歌えないの！」「だめじゃないか！」と否定するのではなく、「先生はこうなったらうれしいな」「こんなふうにできたら素敵だよね。きっと楽しいよね」「あら、君もそんなふうに考えていたの？　うれしいな」「どうしたらできるようになるだろうね？」と一人ひとりに、自分や学級を見つめさせ、考えさせるのです。

教師が「こうしなさい」「ああしなさい」と子どもを追い込むのではなく、子ども自身が「こうなりたい」「ああなりたい」と、自分の在り方について考え、「自分でよりよく決定できる力」を育てていきます。

どんなに困難な実態が目の前にあったとしても、教師が子どもたちを否定するようなことばかり言って暗い顔をしていたら、子どもたちだって自分たちを否定するようになります。

子どもは教師と対決する存在ではなく、同じ方向を向いて一緒に課題を解決していく心強い仲間なのです。だから、何か課題があったとしても、教師だけが悩むのではなく、

① 子どもたちがもやもや感じ、心の奥底にため込んでいる不満を引き出し、しっかりした問題意識として形にしていく。

② 一人ひとりに問題を自覚させ、他人事ではなく自分事にさせていく。

③　1人、2人、とその思いの渦を大事に育てて、「学級全体で目指すべき方向」を共有していく。

これは4月にやるべき大切なことだと思っています。

形だけの「学級目標」を教室の前に飾って終わりではなく、大切なのは、思いを育くむことなのです。

「本音」を受け止め、めざすべき課題をはっきりさせる

こんなふうにスタートした6年2組のドラマですが、このあと柱を2本に絞ってお伝えしていきます。

1つは、この学級が交流していた特別支援学級のただし君を取り巻くエピソード、もう1つは遊び、特に長縄への取組に関わるエピソードです。

2つは絡み合いながら進んでいきます。

まず、1学期半ばに起こった本音の話し合いの様子を2つ、そのままにお話ししたいと思います。

この学校には特別支援学級があり、通常学級との日常的な交流を大事にしていました。支援級の子どもがすべての行事で通常学級に入り、同じクラスの一員として参加します。6年2組には、ただし君という知的障害の男の子が交流していました。

事件は、修学旅行のグループを決めるときに起こりました。

修学旅行では、ただし君とはどうしても同じ班になりたくないと泣いて訴える子が、何と8人も立ったのです。

8人もですよ！　しかも、泣くほど真剣なんです。

8人は言いました。

「5年生のキャンプで同じ班だったけど、ただし君が班の出し物に使う大事な持ち物を持ってこなくて、すごく困ったんだよ」

「ただし君が、バスタオルがない、パンツがないと騒ぐたびにみんなで探して遅くなり、結局お風呂もビリになっちゃったんだよ」

「坂道を歩くのが大変で、みんなでただし君を押したり引っ張ったりして歩いたので、身体も心もくたくたにくたびれてしまったんだよ…」

溜まっていた不満が一気に噴き出しました。

「大事な修学旅行でもきっとおんなじことが起こると思うと憂鬱になります」

「私は自信がありません」「ぼくはこりごりです」

……ひどいでしょう？　皆さんならどうされますか？


5年間も交流してきた結果が、「もうただし君とは同じ班になりたくない」ではあまりにも悲しく切なかったけれど、でも、それが現実ならそれをいったん受け止めるところから出発するしかないと、私は思いました。

子どもたちとただし君との歴史を知らない私が、いかにもわかっている大人の顔をして、表面的な道徳論やきれいごとで指導したくなかったのです。

「障害をもった人には優しくしましょう」「差別はいけません」なんて、先生に言われなくたって、子どもたちは始めからちゃんとわかっているのです。

でも「頭ではわかっていてもできない」のが、この時点での現実なのです…。

ただし君がどこの班に入るかは、この時点での子どもたちの一大事だったのです。

「ただし君とは同じ班になりたくない」と訴えた子どもたちを私が一喝し「なんて残酷なことを言うのだ」と叱れば、もう二度とひどい発言は表面化しないかもしれません。でもそれでは、これからも裏で、ただし君に対する不満や偏見がくすぶり続けるだけです。

こんなとき私は、いつも子どもたちから思いの丈を吐き出させてきました。

子どもを信じて十分に話し合わせてやれば、教師がきれいごとで指導しなくても、ちゃんと子どもたちの中から、正そうとする意見が出てくるものです。

もちろん、本音を吐き出させることには、勇気がいります。重い責任が伴います。

これから先、子どもたちと共に責任をもってこの問題と向き合っていくのだという、担任としての覚悟が必要なことは言うまでもありません。

私は、真剣な、でも穏やかな顔で、じっと子どもたちの顔を見まわして待ちました。

3分くらいそうしていたでしょうか。

・沈黙の中で、意を決したようにつとむ君としんじ君が立ち上がりました。

「ぼくの班に入ればいいよ」

「ただし君がかわいそうじゃん！　ぼくが一緒になるよ」

・泣きながらさやかさんも立ちました。

「ただし君はそりゃいっぱい困ることもあるけどさあ、私たちだって一人ひとり、みんな足りないところはあるじゃん」

・わたる君も立ちました。

「ただし君を1年のときからずっと見てきたけど、3年ごろまでは忘れ物してもボーっと過ごしていたけど、このころじゃ忘れると困った顔をするようになったし、自分で貸して！　と言えるようになったんだよ。5年のときのただし君とはきっとちがうよ」

・５班のリーダーに選ばれたえりかさんが切り出しました。

「私の班の５人は、だれもただし君を嫌と思っていないから、ただし君にとっても居心地がいいんじゃないかな。１人では大変でも、５人で力を合わせればただし君を助けて行ってこれると思います」

「ただし君にとって居心地がいい」と、ただし君に寄り添って考えてくれたえりかさんの発想は、そのときの私の中にはないものでした。

子どもはいつだって教師を超えるのです。

同じ班の子どもたちも全員が立って、えりかさんを支えました。

「みんなの経験を聞いていると不安になってくるけど、ただし君を一人にしたくないから、５班のみんなで力を合わせて支えたいです」と。

こうしてただし君は５班に落ち着きました。

教師が介入しなくても、最終的に自分たちでただし君の班を決めることができたことを、しっかり価値づけました。

この場は一応おさまりました。一件落着です。けれども私は、目の前にまだ大きな課題が残っていることを、見ないことにして通り過ぎることはできませんでした。

解決したように見えて、子どもたちの中に巣くっているただし君への偏見という「問題の本質」は何も解決していないのだということをです。

そしてその本質的な問題は、決して一時の教師の説話などによって、簡単に変わるものではないということもわかっていました。

私は言いました。

「ただし君に対し、このままの気持ちで卒業式を迎えるつもりなのか？　ただし君の素敵さにも気づかず、ただし君は迷惑な存在という認識のまま卒業していくつもりなのか？　みんなはそれでいいのか？　ただし君に対し言いたいことがあればはっきり言えばいい。ケンカだってしていいんだよ。我慢することも遠慮することもない。ケンカしながらも、それでもやっぱりどこまでも、ただし君に寄り添っていく優しさや包容力や友情や、何よりも「自分に対する謙虚さ」を、一人ひとりの中に育てていってほしいな。そんな人間性を手に入れるためには、卒業までの日々、ただし君と、深く深く、もっと深く、人間的に触れ合っていく以外に方法はないんだよ」

4月の「暗い」という実態を打開する一つの手段として、本音で語り合うことを子どもたちに求めてきたのです。

とにかく心の中を解放させたいと願っていました。そんな中で生まれた、まさに本音の話し合い、障害をもったただし君と自分とのかかわりについて、自分の心の奥を見つめ、今の自分の至らなさに気づき、そして、これから目指すべきことをみんなで理解した出来事でした。

この話の続きはまた後から出てきます。その前にもう一つ、本音の話し合いをご紹介します。とにかく1学期は問題が多いのです。

でも、それは、次々に不登校気味の子が生まれるほどに、暗く心を閉ざしていた子どもたちが、徐々に心を開き始め、希望の光を見出し、行動を起こし始めた証拠でもあるのです。

行動を起こせばぶつかります。ぶつかるたびに、しっかり話し合わせました。不思議なことに、ぶつかるたびに、話し合うたびに、クラスがまとまっていく手応えを、みんな感じ始めていました。

そんなある日の帰りの会の様子をお話しします。

心を動かし合う誠実な話し合いが、一人ひとりを強くする

（学級だよりより）

帰りの会で、みかさんが、勇気を出して口火を切りました。

『私はクラス遊びが楽しくないんだよ。みんなの気持ちがバラバラでしょう。バラバラなのにボール鬼をやってもつまらないんだよ』

これに対し、元気な子どもたちが一斉に反撃しました。

『バラバラだっていうけど、みんなが一つになれないのは、遊びに入ってこようとしないで、隅の方でイジイジしている人がいるからだよ。私たちは、ノリをよくしよう、遊びで楽しいクラスにしていこうとがんばっているんだよ』

『そうだよ！ ぐずぐず言ってばかりいて、自分から楽しもう、自分から動こうとしない人が悪いんだよ。ボール鬼はこわい、苦手と言ってるばかりで、積極的に努力しなくちゃ遊びだって楽しくならないんだよ』

……そう言われればそのとおりで……元気な子どもたちの正当論に、言い返す言葉もなく、教室はし～んと静まり返ってしまいました。

司会の子は、「意見がないなら…」と、会を閉じようとしました。

このまま話し合いが終わってしまったら、やっとの思いで悩みを吐き出した、言い出しっぺのみかさんが浮かばれません。

静まり返っているのは、決して納得したからではなく、弱い子どもたちが声を出せないからなのです。

一人の悩みに寄り添うこともせずに終わってしまうような帰りの会を繰り返していたら、「問題提起しても変わらない仲間・変わらない学級」への失望や不信感、そして勇気をもって問題提起することへの無力感や諦めが、澱のように教室に溜まっていくばかりです。

「えっ？　これで終わりなの？　みんなはそれでいいの？　あなたも、君も…、みんな納得できたの？」と私は子どもたち一人ひとりの目を覗きこみながら、静かに問いかけました。

こういうときに、教師としての意見を言ったりすることはほとんどありません。あくまでも、子どもたち自身が、自分たちで、納得のいく答えを見つけてほしいからです。

ただ、「このままでは終わらせない」という担任の強い意志だけは子どもたちも感じ取っていたはずです。

さやかさんが沈黙を破ってくれました。

『ぐずぐずしてる人を責めるけどさ、少しはボール鬼が苦手な人の気持ちだってわかってほしい。がんばったってボールに触れないんだよ。レクレーション係のしんすけ君は、もっとちがう遊びも考えてほしいんだよ』

運動が得意ではないさとる君が、なんと自分をさらけ出しました。

『ぼくなんか、一生懸命走ってもボールに触れないんだよ。下手だから、すぐ前にぼくがいても、誰もぼくにパスしてくれないんだもん。無視されるのは悲しいことなんだよ。ぼくもぼくなりに、遊びに溶け込もうとしているんだけど、ボールを追って走るとすぐに息がハーハーしちゃうんだよ。みんなについていけないんだよ』

よくもここまで自分の弱い部分をさらけ出しましたね。

これに勇気づけられたのか、今までこんな場で自己主張なんかしたことがなかったさゆりさんとあきこさんも、泣きながら立ちました。

さゆりさんは言います。

『私はね、一人っ子で外で遊ぶこともなくて、小さいころからいつも折紙をしながら、一人でお父さんの帰りを待っていたんだよ。だから遊びを知らないんだよ。一人っ子だからハキハキ言うこともできなくて…。でもみんなの意見を聴いてて、心の中でつまらないなあと悩んでるだけじゃあいけないいなってわかりました』

（幼いころからお父さんと二人暮らしのさゆりさんの、普段見せたことのない心の淋しさに、みんなで触れたような気がしました）
※（）内は本書のために筆者が補足

あきこさんも言いました。

『私はね、下手だからね、蹴るとボールが変な方へ飛んで行っちゃって、男子が文句を言うので、蹴っちゃ悪いような気がしてね、積極的になれないんだよ』

「隅の方でグズグズしている人たち」という十把一絡げではなく、それぞれの理由も背景も、一人ひとりみんなちがうんですよね。

人の優しさは、そんなお互いの心の襞《ひだ》に、そっと触れ合うことを通して培われていくものではないでしょうか？

穂高君が、『文句って言ってもさあ、ふざけて楽しい雰囲気にしようと思って言ってるつもりなんだけどなあ…』なんて呟きます。

(やっぱり苦手な子に文句を言っていたのは「ジャイアン穂高」だったんですね(笑)。

でも、何とここで、『だけど傷ついている人もいるってこと、わかってあげようよ』と、ジャイアン穂高をたしなめる声があちこちから聞こえてきました。

これは画期的なことです。今まで子どもたちの世界で　強い力をもっていた穂高君に、意見する子が出てきたのですから)

遊びが大好きで、先ほどからグズグズ言う子たちに対し怒っていた人たちも、発言が変わってきました。

『さとる君たちは必死に言ってるのに、遊びが好きで夢中になって遊んでいるぼくたちは、そういう人を知らないうちに無視しちゃっていたんだと思うんだよ。ぼくはこれから気をつけるから、さとる君もクラス遊びが嫌いなんて言わないで』とよしたか君。

『ぼくもこれから気をつけるから、苦手な人の気持ちも考えるから、苦手な人たちも自分から楽しもうとがんばってほしい。隅でいじけてないで、言いたいことは声に出して言ってほしい』とりょう君。

『私も楽しさに夢中にならないで、周りの人の気持ちに気を配れる人になります』とさきさん。

……この話し合いは結局全員が発言しました。そのどれもが真剣でした。

本音で話せばぶつかり合い傷つくこともあるけれど、それをしっかり乗り越えたときには、ちゃんと理解し合うことができることを、子どもたちは身をもって学びました。弱点をさらけ出しながら本音で訴える友達の姿が、みんなの心に沁みていったのです。

話し合うことによって、立場のちがう者同士が歩み寄っていく過程が見事でした。

こんなとき、教師が間に入り、「さとる君はこういうことで悩んでいるんだよ」なんて「代弁」してやっても、効果は薄いのです。

さとる君が自分の言葉で、自分の感情をさらけ出して語るから、その痛みがまっすぐに伝わり、みんなの胸に沁みるんですね。

この日の話し合いの価値は、お互いの人間理解にあります。

友達が抱えている痛みや本音に気づき、「他者理解」を深めたこと。

他者の目に映る自分の姿に気づき、客観的に「自己理解」を深めたこと。

まてよ、正しいと思っていた自分の主張は思いやりに欠けていたかもしれないな…。

まてよ、相手を恨んでいじけていたけど、そんな自分はかっこ悪いよな…。

そんなふうに、お互いに、謙虚に自分を見つめることができるようになったのです。

子どもが成長していくためには、「自信と謙虚さ」、その両輪を同時に育んでいくことが大事なんだと思っています。

多くの学級で、エンカウンターやソーシャルスキルトレーニングを取り入れて、人間関係力を育てています。それも意義あることかもしれませんが、ただ、子どもが人間関係のスキルを学ぶ機会は、普段の生活の中にいくらでも転がっていることも忘れないでくださいね。

日々の生活の中に、実は飛躍への大きなエネルギーを秘めている出来事がたくさんあるものです。

それらを誠実に丁寧に乗り越えさせていく先に、集団の限りない可能性が開け、子どもたち一人ひとりの確かな成長の花が咲き開いていくものです。

学校は社会の縮図です。清濁併せ持つ大勢の多様な人間が集まっているからこそ、学校という場が学びの場になり得るのです。

温度感のある、リアルな、生の学びのチャンスを素通りしてしまっては、とてももったいないです。

この子たちがここできちんと話し合ったことは、単にクラス遊びの場にとどまらず、授業や行事や生活のあらゆる場における生き方、関わり方に繋がっていきます。

心を動かし合う誠実な話し合いというのは、子どもの生き方・関わり方を変えていくものなのです。

「本音を言ったけど、ちゃんとみんなにわかってもらえてよかった」という経験、「自分のことを受け止めてもらえている！」という実感は、「ありのままの自分でいていいんだ」という安心に繋がり、一人ひとりに明るさや積極性を与えてくれます。

受け入れられる日々を重ねていく中で、みんな安心して心を開放し、仮面や鎧を外し、身軽になって「ありのままの自分」で勝負できるようになっていくのです。

一人ひとりが「ありのままの自分」で勝負し出したら、これほど強いものはありません。

解き放たれて自由になれたとき、子どもたちは遺憾なくそれぞれの個性を発揮しはじめます。

授業における子どもたちのあの明るさや、屈託のなさは、こういう営みの繰り返しの中で育っていったものなのです。

6月のおわりには、もう学級のみんなで遊ぶことが楽しくて、休み時間のチャイムと同時に教室がもぬけの殻になってしまうほど、仲のよいクラスに変わっていました。

4月当初のあの暗さ、息苦しさは、いつのまにか消えています。

本音を吐き出し、体を触れ合わせて遊ぶうちに消え去ってしまったのです。

教室に、子どもらしい、明るい、にぎやかな声が飛び交うようになりました。

あんなに揉めたボール鬼も、このころには工夫し合って、苦手な人も楽しめるルールに変わっていました。

先生の方ばかり見て、救いを求め、指示を待っていた子どもの目が、友達に向くようになっていきます。

頼るのは教師ではなく友達になり、自分たちでどんどん行動を起こすようになっていくんですね。

そう、こうなればもう教師はお役御免です。子離れのときがきたのです。

4月はガキ大将になって学級遊びを先導していましたが、そおっと身を引き、この後はにこにこ見守ることに徹します。

もちろん子どもたちのことですから、この後もしょっちゅう小さな揉め事を起こしますが、話し合うことによって自分たちで問題解決する力がついていますから、安心して見守ることができるのです。

共に乗り越えた者のみに通じる何かが生まれていく

さて、支援級のただし君のことで揉めたあの問題はその後どうなったでしょう。

「ただし君に対して、このままの気持ちで卒業式を迎えるつもりなのか?」と問われ、大きな課題を背負ってスタートした2学期でしたが、子どもたちはその後、様々なドラマを乗り越えていきます。

修学旅行では、子どもたちの心配が現実になってしまいました。ディズニーランドでただし君がパスポートを落としてなくしてしまったのです。楽しみにしていたアトラクションに並べません。

5班のみんなは途方にくれますが、その中の一人、さとる君（帰りの会で、「みんなについていけないんだよ」と訴えた、あのさとる君）が、「そうだ！　サポートセンターに問い合わせてみよう！」とひらめくんです。

マップを見るのが得意なさとる君を先頭に、サポートセンターへたどり着いた子どもたちは、幸いにも、拾われてそこに届けられていたただし君のパスポートを、見事見つけ出します。

さとる君の株はこの一件で急上昇します。

スポーツでは息がハーハーして、みんなの後ろについていくのも大変なさとる君だけど、ピンチでは素晴らしい判断力や行動力でリーダーシップを発揮できる頼もしいさとる君なのだと、みんな気づくんですね。

「みんなちがってみんないい」と唱えるだけでは、絵空事です。

こうして共に行動する中で、「さとる君って頼りになるな」と新たな発見を実感し、子どもたちは友達への理解や愛着を深めていくんですね。

ピンチを乗り越えた6人の結束は益々強まり、ただし君の失敗のおかげで班がギュッとまとまり、「心配事なんか何にもない青空みたいに明るいただし君がいてくれたおかげで、笑いが絶えなかった」と、あとで振り返りました。

「みんなが困ったときにも青空みたいに明るい」というただし君の性格は、何も変わっていないのです。でも周りの子どもたちの受け止めが、「だから心を通わせ合えない」というネガティブな受け止めから、「だからみんなの心を軽くし笑顔にしてくれる」というポジティブな受け止めへと変わったのです。

それはとりもなおさず、子どもたちの心に「包容力」が育まれた証です。心の容量が広がると、見える世界が変わってくるのです。

そのあとの運動会がまた大変でした。6年生の団体種目はむかで競争でしたが、ただし君はいつも天使のように無欲で、勝敗なんてこだわりません。

運動は得意ではないし、みんなで協力して練習することの価値もわかりません。まして足をしばって走るなんて痛いからいやだと言って、泣いて逃げ回ります。子どもたちは困り果てますが、知恵を絞り、走るのが遅い仲間が集まってただし君と同じチームをつくることになりました。

そのチームはどんなに遅くてもいいから、ゆっくりとただし君のペースで走り、絶対転ばずにただし君と一緒にゴールすることを目指します。その代わり、足の速いチームがその差を埋めるスピードを手に入れればいいというのです。

子どもたちの予想どおり、走るのが遅い仲間と一緒だと、ただし君は逃げずにがんばれるんですよ。足が遅いことの痛みを知っている仲間だからこそ、ただし君に安心感を与えることができたんですね。

ただし君を励まし、猛練習が続きました。

さて本番。第一走者のただし君のチームは、真ん中にただし君をはさんで「1・2・1・2…」とみんなで声を合わせながら、ゆっくり確実に、とうとう転ばずに走り切りました。

ダントツのビリで、他の3つのクラスに大きな差をつけられてしまいましたが、いつもかけっこではみじめな思いをする走力のない子どもたちが、このときばかりは英雄です。「ただし君といっしょに完走する」という、クラスにとって最難関のミッションを果たしきって、仲間たちから大歓声と拍手で迎えられました。

このときのことを、るみこさんが卒業文集に書いていました。

「足が遅い私にとって運動会は5年生まで大嫌いな行事だった。でも6年生の運動会は、初めて自分を誇らしく思える素晴らしい運動会になった」と……。

そして約束どおり、あとのすべてのチームが胸のすくような走りでどんどん挽回し、ついに1位に躍り出て、なんと優勝を手にしてしまったのです。

すごいでしょう！

子どもたちはただし君と手を取り合って喜びます。「ただし君ががんばったから優勝できたんだよ！」とみんなから揉みくちゃにされ、ただし君は満面の笑みです。

ただし君と一緒に優勝できたという事実は、子どもたちに、ただし君に対する信頼と、自分たちに対する信頼の両方をもたらしてくれました。

でもそんなによいことばかりは続かないんですよ。

再び、長縄集会の様子を覗いてみましょう。

第3章では4年生のエピソードをお話ししましたが、長縄集会を巡っては、6年生にも心動かされるドラマがありました。

6年生になると、縄が2本のダブルダッチという難しい種目になるのですが、ただし君はがんばって、6年2組の仲間として一緒に大会に出場しました。

運動会での成功体験以来、休み時間にただし君が6年2組の仲間の輪の中にいるのは当たり前の光景になっていたのです。

次は、12月のある日の学級だよりです。

みんなで燃えに燃えた長縄集会だったけど、結果は惨敗。
みんな俯いている。背中が震えている。そのうち顔をくちゃくちゃにして泣き出してしまった。

運動場の真ん中で固まって泣いているみんなに、私はかける言葉がなかった。なぜそんなに泣けてくるのか？　それは一人ひとりがこの行事に本気になっていたから。本当に全員が一つ心で追い求めてきた目標だったから。

泣けるほどに本気になれた一人ひとりに、私は心の中で拍手を送っていた。


先生はちゃんと知っていたよ。

頬を赤く染め、身体を熱くして教室へ駆け込んできたのは、短い10分休みまで無駄にせずに練習していたからだってことを。

約束の練習開始時間に、全員がピタッと集合していた見事な団結を。

いつもこうたろう君としんすけ君がただし君をはさんで、ただし君が跳べるたびに肩を抱いたり、顔を覗き込んだりして、優しい言葉をかけていたのを…。

「ジャンパーや上着なんか脱いで気合入れてやろうよ！」と、冷たい北風の中で、ゆうかさんやゆみ子さんが熱く呼びかけていたのを…。

足をけがして松葉づえのさゆりさんが、どんなときにもみんなの輪の中にいて、声援を送ったりタイムを測ったり、みんなのためになろうとしていたのを…。「どのくらいの速さで回せばもっと回数を上げられるか」と、みんなが陽だまりで車座になって、真剣に話し合っていたのを…。

あるときはただし君の跳ぶフォームを直そうと、みんなでぐるりとただし君を囲んで特訓していたね。穂高君が模範を何度もやって見せ、ただし君がうまく跳べるようになったとき、全員から歓声と拍手がわいていたね。実はあのとき、先生は影ながらとても心配だったんだよ。みんなの要求が厳しすぎてただし君がパニックを起こしはしないかと…。でもみんなに囲まれてただし君はとても満足そうだった。4階の教室までみんなの声は聞こえてこなかったけれど、厳しくてもあったかい関わり合いが伝わってきて、先生はカーテンの陰で涙ぐんでしまったよ。

そして誰かが失敗しても、必ず誰かが「ドンマイ」「気にするな」「さあもう一度！」と明るくみんなの心を立て直してくれていたことを…。

夕方遅くまでやっていた日は、もくもくと跳び続けるみんなのシルエットと、31個の長い影法師がとても美しかったのを…。

だから何も恥じることはない。先生はみんなに「がんばった」の一等賞をあげる。がんばったって結果がよくないことは世の中には山ほどあるんだよ。不条理かもしれないけれどそれが人生というもの。

ビリのみじめさ、うんとかみしめな！　ぐっと心の奥に受け止めな！

ただし君が教室へ謝りに来たね。

「ぼくで何回もつっかかってしまってごめんなさい」…と。

「ただし君のせいじゃないよ」「気にしないでまたいっしょにがんばればいいよ」

とみんなが口々につぶやくのを聞いていたただし君の目から、突然、大粒の涙がぽろぽろこぼれたね。

今まで状況をなかなか認識できなくて、みんなが落ち込んだときでも、一人無邪気ににこにこ笑っていたただし君の心が、このとき初めて、本当に初めて、みんなと重なったんだね。

自分が痛いとか困ったとかいうのではなく、みんなのために、みんなといっしょに泣いたただし君の姿を胸に刻んでおこうね。

人は本気になって関わり、喜びや辛さや優しさを、共に味わったとき、互いの心を動かし合うことができるものなんだね。

りょう君が言ったね。「みんな泣くなよ。1月の長縄集会を体育委員会で絶対計画してやるから!」…そして教室の黒板のど真ん中に、「次は絶対勝つ!」と大きく書きなぐったね。そしたらせきを切ったようにみんな黒板へ飛んでって、チョークをにぎりしめて、めちゃくちゃ思いをぶつけたんだね。

「6の2ならできるはずだぜ」「負けても6の2が大好きだよ」「やる気はどこにも負けない」「また心を一つにしてがんばろう」…そんな言葉が黒板いっぱいに書かれていったね。胸がいっぱいで口にできなかった思いを吐き出したんだね。すっきりしたかい？　新たなエネルギーがわいてきたかい？

さあ、次の一歩が楽しみだ。

放課後、ビリの賞状を取り上げて、「何だかこの賞状がとっても大事なものに思えてきた」…と女の子たちがつぶやき合っていたね。

この賞状にはみんなのこれまでの思い、今日の思いがいっぱいつまっているんだもの、他の輝かしい6枚の賞状と並べて、堂々と教室の前に飾ろうね。

勝っても負けても先生の胸を震わせる、みんなのひたむきさが好きだよ。

長い長い学級だよりを紹介させていただきました。

まさにこの日の体験は、子どもたちにとって、精いっぱい挑戦し、挫折の悔しさを共有した出来事でした。

大事なのは熱量です。

挫折でも成功でも結果はどちらでもいいのです。大事なのは、本気、本物であること。全員が心を燃やして力を出し切ること。

力を出し切ってこそ感じる…、出し切らなければ決して感じることができない…、人間らしい感情や誇り、苦しさや輝き、人間の素晴らしさ、お互いの素晴らしさを学級のみんなで感じ合うことです。

本気で取り組むと、自分が変わり、いろいろな人のよさが見えてくることを子どもたちは実感します。

このような体験を通して子どもたちは、自分がどう振る舞いどう行動することが「人生の喜び」に繋がるのかを学んでいくのだと思うのです。

「一生懸命は美しい」…教員人生を通して貫いてきた私の信念です。

子どもたちの成長に関われる喜びを保護者と共有する

教師は、この日に至るまで熱い心で見守り、見取ってきた一人ひとりの生き様を、しっかりと価値づけて伝え、子どもたちの自己肯定感や他者肯定感、集団への愛着を育みます。

私がこの夜、眠い目をこすりながら長い学級だよりを一気に書き上げてしまったのは、私自身が感動しているからであり、この感動を子どもたちや保護者の皆さんと共有したかったからに他なりません。

これを発行した翌日には、何人かの保護者の方々がお便りをくださいました。

あみさんのお母さんからは、こんなメッセージが……

> ロックンロールを読ませていただきました。
> 文面から子どもたちの状況が頭に浮かび、とっても感激して、涙があふれてし

まいました。私だけではないと思います！

主人もおじいちゃんも感心していました。

いいなあ！　6年2組って…。あみが6年2組の一員でよかった！

いじめ、自殺…と暗いニュースが多発しているときに、ホッと心が熱く、そして安らぐロックンロールでした。

ありがとうございました。大切にしまっておきます。

あみのお母さんをやっていてよかったと思いましたよ！


こんなふうに、おうちの方々も子どもたちのファンになってくださいます。我が子だけでなく、クラスの子どもたち全員を愛おしんでくださるようになるのです。もちろん支援級のただし君のこともです！

そして、こんな経験の一つひとつを通して、ただし君は、当たり前のようにみんなの仲間になっていきました。理屈ではなく、共に行動した者のみに通い合う何かが生まれていくんですね。

12月……もう、「ただし君と同じ班にはなりたくない」なんて言う子は一人もいません。ただし君は何の違和感もなく、空気のように6年2組に溶け込んで、一緒にいることが自然で当たり前になっていました。

価値観も生き方も人間性も、ずしんと心に落ちる体験を通して磨かれていくのです。学び合う、喜び合う、笑い合う、挫折し合う…そんな価値ある日々の営みの中で、自分自身や集団への信頼…「今の自分が好きだなあ!」「俺ってなかなかやるじゃん!」とか、「人っていいもんだなあ!」という思いを紡いでいくことこそが、学級づくりであり、学校というものが存続することの意味ではないでしょうか。

学級づくりは一人ひとりのメイクドラマ。

ワクワクすれば、子どもは自ずと動きます。

これが、4章冒頭のご質問に対する私の答えです。

がんばり甲斐のある学級を育てる中で、一人ひとりも成長していきます。

4月に「学校へ行きたくない」と言っていた子どもたちが、顔を上げ、前を向き、目を輝かせ、「みんなと1秒でも一緒にいたいから、土日も冬休みもいらない」なんて口を揃えて言い出します。

だから3学期の始業式には、冷蔵庫のように冷えきった体育館に真っ先に並んで、下級生の入場を迎えました。インフルエンザが猛威を振るうさなか、なんと大半が、気合の入った半そで半ズボン姿で、私を慌てさせました。

3学期の学級委員には30人中24人が立候補しました。

とにかく明るく、やる気満々なのです。

私の授業は、そんな日々の中の一つの点にすぎません。

子どもたちの歌声は、そんな日々の積み重ねの中で紡ぎ出された、子どもたちの命の輝きなのだと思います。

対談　鈴木惠子×宇野弘恵

心を育てるとはなにか

宇野：私は若いころ、学級経営をちゃんとするっていうことは、きちんと挨拶をするとか、きちんと授業を受けるとか、きちんとお話が聞けるとか、友だちに嫌なことをしないとかっていうことのすべてができて「学級経営がちゃんとできる」っていうことだと思っていたんです。それは嘘ではないし、そういう部分ももちろんあると思います。

でも、たとえば、話を聞かせなきゃいけないっていう場面で、当時の私は、きちんと聞かせるための指導しかしなかったんですよ。指導といっても話の聞き方を教えるとか、ちゃんと聞かないことを叱るとかというだけでしたが、それって表面の指導ですよね。現象面をどうにかしようというだけの指導なんですよね。

当時は、現象面を整えることが「学級経営をちゃんとする」ということだと思っていたし、どうやったらちゃんと話を聞くようになるかということばかりに気持ちがいっていました。そういう指導しかしていないと、担任がいないときに話が聞けないとか、担任の顔色見ながら話を聞いたり聞かなかったりするとかっていうことが起きるわけなんです。それはなぜかって考えたときに、やっぱり心が育っていないからなんです。

子どもたちが、人の話を聞くっていうことはつまりどういうことかを考えて、ああそうだ、だから話を聞かなきゃいけないんだってことがわかって、それを行動に表すことができるようにならなかったら、本当の意味で人の話を聞くことはできません。心の育ちと現象面の育ちは比例するものなんですよね。

これは話を聞くことだけじゃなくて、授業についてももちろんそうです。授業の出来栄えだけを整えようするのではなくて、やっぱり子どもたちの内面を育て、自らできるようになりたいとか、こうしなくてはいけないと考えるような、心を育てる教育をしていかなきゃいけないんじゃないかって思います。

鈴木：本当に宇野先生がおっしゃる通りだと思います。心に働きかけていかないと形だけになってしまいます。

たとえば、私が、話すこと・聞くことを指導する際には、イコール思いやりの心を育てることだと思っていました。聞いていない子にいつも問いかけていたのは、「今、聞いてないよね。今、お話しているあの子は、あなたが聞いてくれなくてどんな気持ちだと思う？」ということです。話している子に対しても、「聞いてもらえていないけれどどんな気持ち？」って、いつも問いかけていたんです。

つまり、話すことっていうのは、相手にわかってもらいたいっていう思いを育てることだと思っていましたし、聞くことの指導っていうのは、あの子の思いをなんとかしてわかりたいっていう、その思いを育てることだと思っていたんです。「会話することイコール心を通わせ合うことだよ」って、子どもたちにいつも伝えていました。

本当に聞いてほしいっていう思いで話すと、全然話し方が変わってくるんですよね。聞いてもらうために、どういう話し方をしたら聞いてもらえるんだろうって考えますし、わかってもらいたいって思うと、色々な工夫を子どもたちがし出すんですよね。聞く方も、本当に聞くってどういうことかなっていうことをいつも考えさせていました。その子の言うことをわかりたいと思って心を傾けて聞いていると、自然に身を乗り出してしまったり、頷いてしまったりします。そうなると、会話することが楽しくなります。

話す指導も聞く指導も、「相手を思う心育て」なんじゃないでしょうか？

宇野：僭越ながらですね、もう本当に惠子先生と同じです。私も子どもたちに指導するときに、「今、誰が話してる？」「あなたと同じクラスの人だよね」「どんな気持ち？」と聞いています。これを4月から繰り返していると、今1年生の担任なんですけど、誰かが何か言い始めたら、なんか自然と教室の空気がぶわっとその子に向いて、「うんうん」って、「え、そうなの」とかっていう声が漏れてくるようになりました。今、そういう段階にようやくきたんですよね。それって、話す聞く指導が上手だとか、話す聞くことが上手ってことではなくて、それだけ、自分以外の他者のことを認識す

ると か、大事に思えるとか、友達の存在自体をちゃんと意識できて、尊重しようって思いができてきたっていう証拠なんじゃないかなって思うんですよね。

鈴木：よかった。

4月から継続して大切にしていくこと

宇野：いっぱいあるんですけど、話す聞くだけじゃなくて、学級経営の根本には、自分も他人も大事にする、尊敬して尊重するということがあると思っています。それこそが「心を育てる」ことだと私は思っています。

それを体現するっていう意味で、挨拶を大事にしています。これは、形から入ってしまう部分でもあるのですが、「きちんと挨拶しなさい」って言うんじゃなく、立ち止まってちゃんと相手の目を見て頭を下げようと指導しています。そして、そうする理由について話します。

挨拶を丁寧にすることは、そこにいる他者を認め、他者を受け入れる気持ちの準備ができてますよっていう表しだと考えています。目の前のあなたの存在を無視してないよ、大事に思っているよという体現が挨拶なんだと思うんです。だから、誰にでもちゃんと挨拶ができるようになろうって言うんです。

あとは、自分を大事にすることです。他人ばっかりを受け入れるのも自分がなくてダメです。だから、自分もちゃんと主張するし他者の考えも聞くという「お互いに」ということを大事にしたいと思っています。

そのために大事にしているのは、言いたいことは必ず自分で言うっていうことですね。意見を書くとか、何か話すとかっていうことだけじゃなくって、嫌なことされたら先生やお母さんに言う。まずは、そういうパターンが多いんだと思うんですけれども、たとえそういう流れであっても、「次は自分で言えるようにしていこうね。見てるからね」「言えたね、じゃ、今度はさ、先生がいなくても自分で言ってみて、できるかな」って。できたら「がんばれたね」って。できないときは、「先生に相談して、一緒に言えるようにがんばろう」と、とにかく自分で主張させるっていうことを大事にしています。

今担任している1年生も、どうしても気に入らないことがあったり、友達に意地悪したくなっちゃたりとか、そういう黒い気持ちってあるんですね。でも、そういう気持ちって特別なものじゃなく誰しもがもっているものです。わがままや意地悪をしちゃいけないっていう指導はもちろんするのですが、「しちゃいけない」と禁止するだけでは心は育たないと思っています。まずは、そういう気持ちになることを認めて受け止めなくては、その子の存在自体を否定することになると思うんです。

私の場合は、意地悪をした子を一方的に叱るんじゃなくって、どうしてそんなことしちゃったのかな、どんな気持ちだったのかなっていうのを、丁寧に話を紐解いていきます。そういう気持ちだったからしちゃったんだ、それ今どう思ってるのって。いけなかった、そっか、いけなかったんだねって。次からどうしようかっていうことを話します。

こうしなさいじゃなくて、一緒に相談して、「じゃあやってみようか」って伝え、うまくいかなかったら「また相談だね」と、とにかくやってみよう！　という感じで進めていきます。こんなに優しくは言いませんけど（笑）。高学年でも同じようなプロセスを踏んでいきます。

もう一つ大事なことと言えば、保護者に見える形でこうした指導の流れをフィードバックすることです。そうしないと、「先生はわかってくれない」「何もしてくれない」と思わせてしまう可能性がありますから。電話や学級通信などで、子どもと併走していく私の方針をコンスタントに伝えることで、保護者にも「待つ」構えをもってもらえたらと思っています。

そもそも、トラブルが起きることがダメなのではなく、起きるのが当たり前なんです。問題行動もあるのが当たり前。人間なんですから。だから、起こったトラブルや問題行動を失敗や間違いと捉えず、トラブルや問題行動について自分で考えるよい機会と捉えてほしいんです。でも、自分の問題を自分で解決しようとするためには、自分で考え選択できる機会がなくてはなりません。だから、無闇にアドバイスや指示をせず、自分で決めさせましょうと言います。うまくいかなかったらまた一緒に考えてやり直せばいいんですよと。先生に言われたからやるとか、お母さんが怒ったからやるとか、そんな無責任な生き方じゃなく、自分の人生を自分で考えて生きていけるように、私はこうしたプロセスを踏んでいることを伝えています。

鈴木：宇野先生がおっしゃった「自分で言える」ってこと、「自分で考えさせる」ってこと、私もすごく大事にしていました。つまり自立へのプロセスですよね。

なんで学校があるかって言ったら、子どもが幸せな人生を自分で歩んでいけるように、そういう力をつけるためにあると思うんですよね。だから、4月にやることって、自立心っていうのか、とにかく人を当てにしないし、人のせいにもしない。自分で考えて行動して、自分で責任を取るという生き方を育むことでした。だから、先生を最初から当てにさせないんです。最初から、私は後ろの扉から入って朝の会を見ています。子どもたちが、そこでわいわい騒いでたりとか、先生がいないと1日が始まらないっていうのはおかしいのであって、先生が前へ出て、「さ、進めましょう」っていう慣習を、まず教師が断ち切らなくちゃと思っていました。

先生が何もしてくれないとわかれば、子どもたちは、どんどん自分たちで気がついて動き出すんですよ。最初はまとまりがなかったり、お互いに信頼関係がなかったりするので動き出しには勇気がいりますが、子どもたちだって、自分が今どう行動すべきかわかっているんです。「先生は何もしてくれない。やばい!」と気づいて誰か一人が動き出したとき、その子をうんとほめて、うんと価値づけていくと、動き出せる子が2人、3人って増えていきます。自分たちで動き出せたときの楽しさっていうのかな、そういうのを味わわせることによって、とにかく自立できる、人を頼らないで自分たちで自分たちの生活をつくっていける集団を育てることに4月は力を入れていました。

それと並行して、幸せになるために必要なことは、人を信じることができることだと思うんですよね。だから、一人ひとりみんなが素敵なんだっていうことを、何かにつけて、価値づけしていくんです。

「あなたって、こんなに素敵なところがあるよね」「あなたにもこんなところがあるよね」「その行動にはこんな価値があるよね」って、お互いの存在の大切さをみんなでわかり合っていきます。

でも、口で言ってるだけじゃダメなので、本書にも書きましたけど、4月はとにかく、遊ぶんです。とにかく動かないといけません。感情を立ち上がらせないといけません。理想や理屈を言ってるばかりじゃなく、体を動かし心を動かしていくんです。一緒に行動して、何かをやり遂げたりとか、「ああ楽しかった！」という思いを共有したりとか、授業ももちろんそういう場なんですけど、みんなで一緒に行動する過程の中で、人っていいねって、このクラスいいねって、信じられる人たちだよねっていうことを実感させていきます。5月の連休くらいまでの間は、ここにすごく力を入れていました。

子どもたちは教室で、たくさんの「人」を浴びて、集団がつくり出す「空気」を吸って、良くも悪くも育っていくものですよね。

教師はその中心に「たった一人の大人」として存在するわけですから、教師がもつ価値観だとか教師から発せられる「空気」って、きっと重要な意味をもつんじゃないかと思うんですよ。

宇野先生がお話しされた挨拶指導や揉め事指導の根っこにある、先生ご自身の人間尊重の心っていうんでしょうか、その価値観っていうのか、先生の「在り方」そのものが、子どもの心を育てることにつながっているんだよな、言葉じゃないんだよな、と対談させていただいて感じたところです。

終 章

学校現場で働くみなさんへ

GIGAスクール構想に思う

コロナ禍に異常気象にと、学校がかつてなかった危機対応を求められ続け、現場はどんなに混乱を極めていることでしょう。日々の学校生活や大切な学校行事も、制約や変更を余儀なくされて、願い通りに進まないことも多々あることでしょう。

そんなご苦労の中で、皆さんは、国の期待がかかったGIGAスクール構想を推進し、新たな教育への一歩を積み重ねておられるのですね。

私が教員生活をスタートさせたころ、黒板とチョークからの授業改善が叫ばれ、OHPとスクリーン、教材提示装置などが授業に導入されるようになったことを懐かしく思い出します。

時代はひとっ飛びし、ここ数年の一人一台端末の整備は、そのときとは比べ物にならないほど質的に異なる可能性を秘めています。

端末に打ち込んだ一人ひとりの考えが、全員分いっぺんにスクリーンに映し出されます。

調べたいことはボタン一つで一瞬にして調べることができます。

そんな画期的な利点を、ではどうやって「主体的・対話的で深い学び」へとつなげていけばよいのか……大事なのはそこですよね。

一番大事なのは、映し出された友達の考えを見て、子どもの思考や感情が動くこと。そこから活発な対話が始まることではないでしょうか。

また、ボタン一つで得られた情報を鵜呑みにするのではなく、疑問をもったり比較・考察したり、実際に試してみたり取材を広げてみたりして、自らの頭と体で実感し、納得し、自分なりの結果を導き出すことではないでしょうか？

それはまさに「子どもファーストの授業」に他なりません。「一人一台端末」を有効活用した理想の授業をイメージすれば、自ずと「子どもが主役の授業」へ行きつくのです。

「個別最適化」によって個々に合った教材や時間、方法などを提供できることは素晴らしいことですが、「与えられた学習」に止まることなく、自分の学びを自力で切り拓いていける子どもを育てなければなりません。

解き放たれ、学びの主体者としての力をつけた子どもたちが、子どもファーストの授業の中で自由に端末を使いこなしたら、どんなに面白い授業が展開されることでしょう。

軸をもつこと

私が6年間勤務させていただいた藤枝市立高洲南小学校は、校訓「自立　愛」と、研修テーマ「生徒指導が機能する学習指導」が、開校当時から一貫して、学校経営のゆるぎない理念として守り継がれてきている学校です。

当時、一般に生徒指導と学習指導が別物のように捉えられていた中で、「学習指導に生徒指導を機能させる」という発想は画期的でした。

生徒指導を機能させるにあたって高洲南小学校では、「5本の柱」（元千葉大学名誉教授、坂本昇一先生提唱）を指導の拠り所としていました。私自身の考え方にも大きな影響を与えてくれた柱ですので、皆さんにもご紹介したいと思います。

1　自己決定の力を育てる。
2　相手との関わりで行動するよう指導する。
3　子どもが存在感をもつよう指導する。
4　子どもが発達の可能性を最大限発揮できるよう支援する。
5　人間的なふれあいが感じられる場を大切にする。

「5本の柱」を大切にすること以外には、何の決まりごともありません。教師一人ひとりが子どもと対峙する中で、「5本の柱」をどう具現するべきかを絶えず自問自答し、試行錯誤し、教師同士が日常的に「子どもの具体」で語り合い、考え方を磨き合うのが研修でした。

授業を構想するときも、授業している最中も、授業後の研修でも、教師は常に「5本の柱」を基準に考え、実践し、評価し合います。

学校生活における種々の問題も、悩んだときには5本の柱に立ち返ります。

どんなときにも共通する「ぶれない考え方の基準」をもっているというのは大きな強みです。

開校以来43年間、一貫して「5本の柱」を大事に守り育ててきた高洲南小学校では、今ではそれが学校文化として根づき、風土・校風を創り上げています。

世の中がどう変化しようとも、国から示される指針がどう変遷しようとも、管理職が何人入れ替わっていこうとも、大切にしたいものは頑として変えない姿勢が、「力」となっているのです。まさに「継続は力なり」。

学校教育目標や研修主題が数年単位で変わっていくことはどうなのでしょう？

言葉をいじっただけでバージョンアップした気分になってしまうのはどうなのでしょう？　大切なのは中身であり、子どもたちの具体です。

高洲南小学校でも、長い年月の間には、「変えよう」「止めよう」という声が少なからずあったはずです。それでも脈々と変わらず、「継続」という最も困難なことに挑んでこれたのは、ひとえに研修が本物だからだと思うのです。「5本の柱」に立ち返ることが、子どもや教師の力となり、日々たくさんの感動を生み出す源となることを、歴代の教職員が肌で感じ、信じ、守り続けてきた結果だと思うのです。

「5本の柱」は、昨年度より、藤枝市の教育理念「授業で人を育てる」を具現するために、すべての小中学校で大事にしたい考え方として、市の教育振興基本計画に位置づけられました。

また、昨年、文部科学省から示された「生徒指導提要改訂版」が、実践上の視点として挙げている内容とも、がっちり繋がります。

「5本の柱」を突き詰めていくと、授業も行事も、おのずと子どもがドーンと主役に押し出されます。「主体的・対話的で深い学び」に繋がる明快な考え方だと思っています。

子ども主体の授業づくりや学級経営は、難しいとお感じになるかもしれません。

しかし大事なのはノウハウではなくその思想（観）です。どんな授業観や子ども観をもつか…思想をもって授業や学級づくり・学校づくりを構想していくのは大事なことです。

思想は、どこかの本に書いてあるものではありません。子どもと真剣に関わり、真摯に自分の授業を問い、同僚と切磋琢磨し合う中で生まれてくる確信にも似たもの、成すことによってのみ生まれてくるものではないでしょうか。

「惠子先生はよくそんなに子どもを待てますね」と、私はこれまで多くの皆さんから言われてきました。

でも、「待つ」からこそ、子どもが自らの『発達の可能性』を最大限発揮して『自己決定』しようとします。一人の力で決定できないときには、『相手と関わる力』を磨かざるをえません。その過程で『人間的な触れ合い』が生まれ、一人ひとりの『存在感』が輝きます。

「待つ」ことによって生き物のように5本の柱が機能し出すのです。

「待つ」ことは、「向き合わないこと」ではありません。「指導しないこと」でもありません。願いをもって、意図をもって、我慢して、信じて待つのです。「引き出す」ために待つのです。「待つ」ことは、「子どもが乗り越えるべき壁になること」であり、「攻め」なのです。

もちろん、常に待つわけではありません。

ここぞというところでは教師も熱く関わります。

今この時点で「正しい!」と信ずることを、大人として、臆せず恐れず、自信をもって子どもたちに伝えていくことも、一方でとても大切なことであり、大人の責任であると思っています。

エール

私は退職して2人の母の介護をしながら毎日思っておりました。

老いていく人の、希望が見えない体や心に寄り添うのは、なんてつらいことだろう…。それに比べ、はちきれんばかりの「命輝く子どもたち」に囲まれて過ごすことができる教職という仕事は、なんて幸せな仕事だろうと。

教員人生の中でたった一つ私に誇れることがあるとすれば、職場でも家庭でも、一度たりとも担任する子どもたちについて不平不満や愚痴や悪口を言ったことがないということでしょうか。

そんなこと当たり前でしょう！　と言われそうですが、なぜそんな話題をもち出すのかといえば、最近伺ったこんなお話がずっと胸に引っかかっているからです。

「教室から職員室へ帰ってくると、一斉に先生方から子どもの悪口が飛び交い、悪口合戦が始まってしまいます。仕方ないんです。軽度発達障害や生育環境に恵まれない子どもが増えて、先生方はいっぱいいっぱいなのです。職員室にいるときくらい愚痴を吐き出させてあげないと、先生方が潰れてしまいます」

心が痛むお話です。それほど疲弊した現場が増えているということなのでしょうか？

しかし、しかしです。どんなに大変でも、どうかどうか、職員室で子どもの悪口はおっしゃらないでください。

職員室は希望を生み出す場所です。

温かい飲み物で一呼吸おいて、つらいことはどうか保健室か校長室でじっくり聴いていただいてください。

心を痛めて教室から戻られる同僚がいたら、そっと声をかけて別室で耳を傾けてあげてください。

悪口は先生のお顔を険しいものにさせます。悪口を言い合うと、それが教師集団の「見方、思い方、考え方、在り方」の習慣になり、翌日の指導を見誤らせます。

私は知っています。子どもの悪口を言いながら、本当は先生ご自身の胸がズキズキ痛んでいることを。先生も子どもが大好きで、この仕事が大好きで教職を選ばれたことを。

教室には、きっとうれしい表われもたくさんあるはず。職員室を、子どもたちの個性を面白がり、よさを自慢し合う先生方の声で溢れさせましょう。

大人も、「空気」の中で生きています。「空気」に染まり、集団感情に触発されて、変わっていきます。だから職員室を、悩める先生をも包み込む清々しい空気で満たしましょう。

子どもにとって、教師の顔や姿は最大の教育環境です。

先生方の温かくやわらかな笑顔ほど、子どもたちにとってうれしいものはないのですから。

（ごめんなさい。とうに現場を離れた私が、対岸からこのようなことをお願いすることをお許しください。）

もう一つ、今まさに、無我夢中で走り続けていらっしゃる女性の先生方に、心からエールを贈りたいと思います。

私は教師を辞めたいと思ったことは一度もありませんが、長男が生まれたときだけは、かけがえのない我が子に寂しい思いをさせることがつらくて、育休明けにはしばらく母子で泣きました。

幼い娘がとても遠慮がちに、「お母さん、忙しいと思うけど明日の参観会、来てほしいな。いつもみんなは、お母さんが来てくれるの。私だけおばあちゃんなんだ。忙しいのにごめんね。でもお願い」と手紙で伝えてきたときには、すまなさと愛しさで心が張り裂けそうでした。息子は男の子だから口に出して言うことはなかったけれど、きっと同じように寂しい思いをし、半ば諦めていたことでしょう。

2人の子どもにいっぱい我慢をさせて、夢中で過ごしてきました。

私はよく皆さんから、「どんな本で学んだのですか」と聞かれるのですが、日付が変わってからようやく読み始める本は、決まって途中で寝落ちして、どれも最後まで読み切れたためしがありませんでした。不勉強で恥ずかしいかぎりです。

教職と家事と育児を同時にこなしていくしんどさは、女性にしかわからないものかもしれません。時間も体力も圧倒的に足りないのですもの。

だから、時にはいい加減に、適当に、ズルして力を抜くことも大事です。

意外と子どもたちって、慌て者でおっちょこちょいな担任や、ダメ母さん・ズッコケ母ちゃんが好きですよ（笑）。

完璧でなくたって大丈夫。その分子どもたちが助けてくれます。

女性だから甘く見られないようにと肩を張るよりも、あなたらしさを前面に出して、にこやかに、しなやかに子どもたちの前に立ってくださいね。

皆さんの教員人生が、爽やかな充実感で満たされますように！

謝辞

宇野弘恵

恵子先生に初めてお目にかかったのは、２０１５年の北海道での研修会と記憶しております。参加に先立って、２章で触れた「川とノリオ」の授業記録を拝見しました。衝撃でした。こんな授業が世の中に本当に存在するのかと。子どもたちが本気になって話すこと、自己をさらけ出せること、さらけ出したことをみんなが大事にし合うこと。学校で学ぶとは、こういうことなのではないか。学校とは、何が正しいとか誰が素晴らしいかとか評価をする場ではなく、自分と他者をぶつけ合い、自分をつくっていく場なのではないか。一人ではなくみんなで考える、互いに学び合うからこそ、学校で学ぶ価値があるのではないか。そう思いました。

以来、何度か北海道の研修で恵子先生のお話を伺いました。鈴木学級の子どもたちはかわいくて、恵子先生が子どもたちをかわいがっているのもよくわかって、どのご実践を伺っても、私は毎回泣きました。それは「いい話」として感動しただけではなく、私も「子どもとこんな時間をつくりたい」と思ったから。このときから鈴木恵子先生は、私の憧れになり、鈴木学級は私の目指す教室になりました。

そんな立場の私が、惠子先生のご実践について書かせていただくのは本当に「烏滸がましいの極み」。身に余る光栄と思いつつ、これは鈴木実践にじっくり向き合えるチャンスと思い、書かせていただくことにしました。こんなに素晴らしい機会を与えてくださった糸井登先生、執筆を後押ししてくださった編集の北山俊臣さん、どうもありがとうございました。お二人のお計らいに深く感謝し、心よりお礼申し上げます。

本書をお読みくださったみなさま。誰も惠子先生にはなれません。ですが、惠子先生がなぜこのような学級をつくることができたかを考えることを通し、子どもの心が育つ教室をつくることはできます。私の執筆が、そのほんの一縷の助けにでもなれば、これほどうれしいことはありません。

最後に、鈴木惠子先生との出会いをくださった北海道の山田洋一先生に感謝申し上げ、謝辞を閉じさせていただきます。

おわりに

私の教員生活の終盤は、行政職や管理職を拝命して、学級担任という立場から離れることになりました。「寂しい」などと泣き言を言っている暇もないほどに、それは多忙を極める日々でした。

痛ましい学校事故や、あってはならない不祥事等に立ち会わなければならない場面も一度や二度ではありませんでしたし、支援を必要とする子どもの増加や学級崩壊の嵐が吹き荒れ、ゆとり教育が大きく転換を迫られた時代でもありました。

そんな中で、広い視野や配慮と、先を見通す洞察力をもって的確に判断・決断していく頼もしい先輩や同僚との出会いは、それまで「学級」という世界しか知らなかった私にとって、大きな刺激となりました。

もし学級担任をずっとやらせていただいていたら、もっともっとたくさんの子どもたちと出会い、幸せな宝物を増やすことができただろうに…とも思います。でもそれは、欲張りな、ないものねだりというものです。

ここに、卒業式間近に、保護者からいただいたメッセージがあります。

涙

あなたの授業を見ていると
わけもなく涙が流れます。
あなたの子供たちと会っていると
わけもなく感動します。
「ああ、これだったんだ!」
と、何かが叫びます。

「ああ、そうだったんだ！」
と、誰かが叫びます。

どうして感動するのか
どうして涙がこぼれるのかは
わかりませんが

揺さぶられたのは魂で、
流れたのは涙なのです。

身に余る内容を公開させていただき恐縮です。
何でもかんでもお便りに書いてしまう危なっかしい担任を、大らかな心で受容し、子どもたちの泣き笑いの日々を一緒に愛おしんでくださった保護者の皆さんや、先輩・同僚の先生方、家族に支えられて、自分の信じるままに、力の限り、教員人生を駆け抜けることができましたことに、感謝の気持ちでいっぱいです。

「おわり」にあたり、本書の刊行を熱心に勧め、宇野弘恵先生を贅沢に繋いでくださいました糸井登先生、超ご多忙な身でありながら、私の実践に温かく寄り添い、身に余る文章をお寄せ下さいました宇野弘恵先生、出版を思い悩む私の背中を力強く後押ししてくださいました東洋館出版社の北山俊臣さんに、心より感謝申し上げます。

静かに朽ちていくはずだった私の古い実践に、宇野先生は明快な論理で再び命を吹き込み、現代と繋いでくださいました。今まさに、教室の子どもたちと熱く向き合っておられる宇野先生のご実践と、親和性が高いと言っていただけることは、私にとりまして望外の喜びです。

お三方の支えなしに本書が産声を上げることはありませんでした。心より御礼申し上げます。

本書が、「子どもたちの可能性」を改めて信じ、希望と誇りをもって子どもたちの前に立っていただけるきっかけになれましたら、こんなに幸せなことはありません。

２０２３年10月　鈴木惠子

心を育てる

2024（令和6）年2月21日　初版第1刷発行

著　者　鈴木恵子
　　　　宇野弘恵
発行者　錦織圭之介
発行所　株式会社 東洋館出版社
　　　　〒101-0054　東京都千代田区神田錦町2-9-1
　　　　　　　　　　コンフォール安田ビル2階
　　　　代表　TEL：03-6778-4343　FAX：03-5281-8091
　　　　営業部　TEL：03-6778-7278　FAX：03-5281-8092
　　　　振替　00180-7-96823
　　　　URL　https://www.toyokan.co.jp

［装　丁］木下悠
［挿　画］木村文香
［印刷・製本］藤原印刷株式会社

ISBN978-4-491-05422-3　Printed in Japan